clave

Su Santidad Tenzin Gyatso, Dalai Lama, es el guía temporal y espiritual del pueblo tibetano. Su labor a favor de los derechos humanos le ha valido el reconocimiento internacional y la entrega del premio Nobel de la Paz. Entre sus obras destacan *Las Cuatro Nobles Verdades*, *El arte de la felicidad*, *El arte de vivir en el nuevo milenio*, *El arte de la compasión*, *El arte de la sabiduría*, *Conócete a ti mismo tal como realmente eres*, *Con el corazón abierto*, *La meditación paso a paso*, *El universo en un solo átomo* y *En mis propias palabras*, publicado exclusivamente en Debolsillo.

DALAI LAMA

Conócete a ti mismo
tal como realmente eres

Edición a cargo de
Jeffrey Hopkins

Traducción de
Matuca Fernández de Villavicencio

DEBOLS!LLO

El papel utilizado para la impresión de este libro ha sido fabricado a partir de madera procedente de bosques y plantaciones gestionadas con los más altos estándares ambientales, garantizando una explotación de los recursos sostenible con el medio ambiente y beneficiosa para las personas. Por este motivo, Greenpeace acredita que este libro cumple los requisitos ambientales y sociales necesarios para ser considerado un libro «amigo de los bosques». El proyecto «Libros amigos de los bosques» promueve la conservación y el uso sostenible de los bosques, en especial de los Bosques Primarios, los últimos bosques vírgenes del planeta.

Papel certificado por el Forest Stewardship Council®

Título original: *How to See Yourself as You Really Are*

Quinta edición en esta colección
(Segunda reimpresión: octubre, 2016)

© 2006, Su Santidad el Dalai Lama
© 2007, Penguin Random House Grupo Editorial, S. A. U.
Travessera de Gràcia, 47-49. 08021 Barcelona
© 2007, Matuca Fernández de Villavicencio, por la traducción

Printed in Spain – Impreso en España

ISBN: 978-84-9908-551-7
Depósito legal: B-35227-2011

Compuesto en Anglofort, S. A.
Impreso en Novoprint
Sant Andreu de la Barca (Barcelona)

P 8 8 5 5 1 7

Penguin
Random House
Grupo Editorial

Índice

PARTE VI
INTENSIFICAR EL AMOR
CON LA VISIÓN PENETRANTE

Prólogo

Este libro de su santidad el Dalai Lama parte del concepto budista de que el trabajo conjunto del amor y la visión penetrante, como las dos alas de un pájaro, conduce a la iluminación. La premisa fundamental es que el conocimiento de sí mismo es la clave del desarrollo personal y las relaciones positivas. El Dalai Lama nos enseña que, si no nos conocemos plenamente, nos perjudicamos a nosotros mismos debido a nuestra percepción exagerada y errónea del «yo», de los demás, de los acontecimientos externos y de las cosas físicas. Hasta nuestros sentidos nos engañan, induciéndonos al apego y a acciones negativas que indefectiblemente nos acosarán en el futuro. El libro explica cómo superar estos errores con el fin de alcanzar un conocimiento realista de nuestra saludable interdependencia.

La primera parte de esta obra nos enseña a descorrer el engañoso velo que enturbia nuestra experiencia; otros enfoques, como contener el deseo y el odio, pueden resultar útiles, pero no llegan a la raíz del problema. Dirigiendo nuestra atención hacia el falso lustre que tanto deslumbra a nuestros sentidos y pensamientos, su santidad crea el marco idóneo para descubrir la realidad que se oculta tras las apariencias. Nuestra aceptación tácita de las cosas tal como aparecen se llama ignorancia, que no solo supone desconocer la verdadera existencia de las personas y las cosas, sino percibir erróneamente su naturaleza fundamental. El verdadero conocimiento de sí mismo implica sacar a la luz las percepciones erróneas que tenemos de nosotros mismos y hacerles frente. El objetivo es descubrir de qué modo nos generamos los problemas y, a renglón seguido, aprender a actuar de raíz con las ideas contraproducentes.

La psicología budista destaca por sus detalladas descripciones del funcionamiento de la mente, y su santidad las utiliza de una forma práctica para ayudar a los lectores a captar tales procesos por medio de su propia experiencia. Su tema central es que nuestra percepción desvirtuada del cuerpo y la mente nos lleva a cometer errores desastrosos que van desde el deseo hasta el odio virulento, de tal manera que constantemente nos vemos impulsados hacia los problemas como si tiraran de nosotros por un aro en la nariz. Comprendiendo el mecanismo de este proceso podemos liberarnos de estas situaciones dolorosas e interminables, y liberar asimismo a los que nos rodean.

Esta primera parte ofrece ejercicios destinados a desarrollar nuestra capacidad para reconocer la disparidad entre cómo nos percibimos y cómo somos realmente. Una vez que hemos reconocido nuestras erróneas presunciones, la segunda parte del libro muestra cómo debilitarlas. Las herramien-

tas empleadas para conseguir esta transformación son céle-
bres reflexiones budistas que cuestionan las apariencias y que
el Dalai Lama ilustra con sus experiencias personales. Su santidad guía al lector a través de ejercicios prácticos que ayudan
a derribar las ilusiones con que hemos recubierto la realidad
y a aprender a actuar en el mundo desde un marco más realista.
Para ello es preciso tomar conciencia de la interdependencia
de todas las cosas y del peso que tiene nuestra red de relaciones en nuestra vida.

La tercera parte del libro explica cómo aprovechar el poder de la concentración meditativa con visión penetrante para
conseguir sumergirnos en nuestra naturaleza última, poder
que debilita nuestros problemas desde sus cimientos. La
cuarta y quinta parte hablan de la verdadera existencia de las
personas y las cosas, pues estas no existen tal como creemos.
El Dalai Lama insta al lector a observar que todo depende del
pensamiento, que el pensamiento organiza lo que percibimos.
Su objetivo es que desarrollemos una idea clara de lo que significa existir, sin percepciones falsas. La última parte del libro
explica de qué modo este profundo estado de existencia intensifica el amor al mostrar cuán innecesarias son en realidad
las emociones destructivas y el sufrimiento. Así pues, el conocimiento de sí mismo constituye la clave del desarrollo personal y las relaciones positivas. Una vez que sabemos cómo
poner la visión penetrante al servicio del amor y el amor al
servicio de la visión penetrante, llegamos al apéndice del
libro, que nos ofrece un repaso de los pasos que hay que seguir para alcanzar la iluminación altruista.

Este libro es una clara muestra de cómo contribuye el Tíbet a la cultura del mundo, y nos recuerda qué importante es que este pueblo conserve su nación para preservar su cultura. La luz que irradian las enseñanzas del Dalai Lama tiene su origen en esta cultura y ofrece reflexiones y prácticas que muchos de nosotros necesitamos en la nuestra.

Dr. Jeffrey Hopkins
Profesor emérito de estudios tibetanos
Universidad de Virginia

Introducción

Mi perspectiva

Cuando nos levantamos por la mañana y escuchamos las noticias o leemos la prensa, siempre no enfrentamos a las mismas historias tristes: violencia, guerras y desastres. Está claro que nuestra inestimable vida no está a salvo ni en los tiempos modernos: no puedo recordar un solo noticiero sin una crónica de algún crimen. Hoy día son tantas las malas noticias, es tal la sensación de miedo y tensión, que los seres sensibles y compasivos no tienen más remedio que poner en duda el «progreso» alcanzado en el mundo moderno.

Por irónico que parezca, los problemas más graves se originan en las sociedades industrialmente avanzadas, donde una alfabetización sin precedentes no parece haber servido más que para fomentar la agitación y el descontento. Es innegable nuestro progreso colectivo en muchas áreas —sobre todo en la ciencia y la tecnología—, pero nuestros avances en el terreno del conocimiento no son suficientes. Los problemas humanos elementales persisten. No hemos conseguido traer la paz al mundo ni reducir el sufrimiento general.

Esta situación me lleva a la conclusión de que debemos de cometer un grave error en el modo en que nos dirigimos nuestros asuntos, error que, si no lo corregimos a tiempo, podría tener consecuencias desastrosas para el futuro de la humanidad. La ciencia y la tecnología han contribuido sobremanera al desarrollo global de la humanidad y a nuestra comodidad y bienestar materiales, y nos han ayudado a comprender el mundo en el que vivimos. Pero, si concedemos demasiada importancia a esos empeños, corremos el riesgo de dar la espalda a los aspectos del conocimiento humano que contribuyen al desarrollo de una personalidad honrada y altruista.

La ciencia y la tecnología no pueden reemplazar los antiguos valores espirituales, responsables, en gran medida, del verdadero progreso de la civilización tal como la conocemos hoy día. Nadie puede negar los beneficios materiales de la vida moderna, pero seguimos experimentando sufrimiento, miedo y tensión, tal vez ahora más que nunca. Así pues, es razonable que intentemos buscar el equilibrio entre el desarrollo material y el desarrollo de los valores espirituales. Para generar un verdadero cambio es preciso que reactivemos y reforcemos nuestros valores interiores.

Confío en que el lector comparta mi preocupación por la crisis moral que existe actualmente en todo el mundo y que se una a mí a la hora de apelar a todas las personas religiosas y humanitarias que comparten esta preocupación, para que contribuyan a hacer que nuestras sociedades sean más compasivas, justas y equitativas. No lo digo como budista ni como tibetano, sino simplemente como ser humano. Tampoco hablo como experto en política internacional (aunque, inevitablemente, haga observaciones al respecto), sino como miembro de la tradición budista, la cual, como las tradiciones de otras grandes religiones del mundo, se fundamenta en la preocupación por todos los seres. Desde esta perspectiva, quiero compartir con el lector las siguientes creencias personales:

1. Que la preocupación universal es fundamental para resolver los problemas globales.
2. Que el amor y la compasión son los pilares de la paz en el mundo.
3. Que todas las religiones del mundo intentan conseguir la paz mundial, al igual que toda persona humanitaria, sea cual sea su ideología.
4. Que tenemos la responsabilidad de crear instituciones al servicio de las necesidades del mundo.

Analicemos estas creencias una a una.

1. LA PREOCUPACIÓN UNIVERSAL ES FUNDAMENTAL PARA RESOLVER LOS PROBLEMAS GLOBALES

De los muchos problemas a los que nos enfrentamos hoy día, algunos son desastres naturales que debemos aceptar y afrontar con ecuanimidad. Otros, sin embargo, son problemas que creamos nosotros, fruto de malentendidos, y es posible corregirlos. Tales problemas nacen del conflicto entre ideologías, ya sean políticas o religiosas, cuando la gente lucha entre sí por sus creencias y pierde de vista la humanidad básica que nos vincula como una única familia humana. Debemos recordar que las diferentes religiones, ideologías y sistemas políticos del mundo surgieron para ayudar a los seres humanos a alcanzar la felicidad. No hemos de perder de vista este objetivo fundamental. En ningún momento debemos dar prioridad a los medios frente a los fines: debemos mantener siempre la supremacía de la compasión por encima de la ideología.

El mayor peligro al que se enfrentan los seres vivos de nuestro planeta es la amenaza de la destrucción nuclear. No es necesario que me extienda al respecto, pero me gustaría hacer un llamamiento a los dirigentes de las potencias nucleares que, literalmente, tienen el futuro del mundo en sus manos, a los científicos y técnicos que siguen creando esas terribles armas de destrucción y a todas las personas en general para que apelen a la razón y contribuyan al desarme. Sabemos que si estalla una guerra nuclear no habrá vencedores porque no habrá supervivientes. ¿No resulta aterrador pensar en semejante destrucción inhumana y cruel? ¿Y no es lógico que queramos eliminar la causa potencial de nuestra propia destrucción una vez que la hemos reconocido? Muchas veces no podemos resolver un problema porque no conocemos la causa o, en caso de conocerla, no disponemos de los medios o el tiempo necesarios para eliminarla. No es el caso de la amenaza nuclear.

Todos los seres, ya pertenezcan a una especie más evolucionada, como la humana, o a una más simple, como cualquier especie animal, buscan paz, bienestar y seguridad. La vida es tan valiosa para cualquier animal como para todo ser humano; hasta el más pequeño de los insectos lucha por protegerse de los peligros que amenazan su vida. Cada uno de nosotros desea vivir, no desea morir, y lo mismo sucede con el resto de las criaturas, si bien su poder para lograrlo varía.

Hablando en líneas generales, existen dos clases de felicidad y sufrimiento: el mental y el físico. Puesto que creo que el sufrimiento y la felicidad mentales son más importantes que sus homólogos físicos, generalmente insisto en la necesidad de entrenar la mente como estrategia para controlar el sufrimiento y alcanzar un estado de felicidad más duradero. La felicidad es una combinación de paz interior, viabilidad económica y, sobre todo, paz mundial. Para alcanzar tales objetivos, creo que es preciso desarrollar el sentido de la responsabilidad universal, la preocupación profunda por todas las personas, sin distinción de credo, color, sexo, nacionalidad u origen étnico.

La responsabilidad universal se basa en la sencilla premisa de que todos queremos lo mismo. Todos los seres desean ser felices y no desean sufrir. Si no respetamos este hecho, cada vez habrá más sufrimiento en el planeta. Si en la vida adoptamos una actitud egocéntrica e intentamos utilizar a los demás para satisfacer nuestros intereses personales, puede que obtengamos beneficios a corto plazo, pero a la larga tanto la felicidad personal como la paz en el mundo se vuelven imposibles.

En la búsqueda de la felicidad los seres humanos han utilizado diferentes métodos, los cuales, con excesiva frecuencia, han sido agresivos y violentos. Comportándose de un modo del todo impropio del ser humano, la gente comete crueldades terribles y causa sufrimiento a otros seres vivos en beneficio propio. Al final, tales actos miopes solo consiguen generar más sufrimiento, a nosotros y a los demás. Nacer ser humano ya es, de por sí, un acontecimiento excepcional, y de sabios es sacar el máximo provecho a esta oportunidad. Debemos tener siempre presente que todos deseamos lo mismo, para que ninguna persona o grupo busque la felicidad o la gloria a costa de otros.

Para ello es preciso abordar los problemas globales con compasión. La globalización significa que el mundo es cada vez más pequeño e interdependiente debido a la tecnología y el comercio internacional. Como resultado de ello, nos necesitamos los unos a los otros más que nunca. En la antigüedad los problemas se ceñían, en su mayoría, al círculo familiar, de modo que era posible abordarlos a un nivel familiar, pero la situación ha cambiado. Hoy día, una nación ya no puede resolver satisfactoriamente sus problemas por sí sola; depende demasiado de los intereses, actitudes y cooperación de otras naciones. Un enfoque universal de los problemas del mundo es la única base sólida para conseguir la paz mundial. Estamos tan estrechamente interconectados que si no desarrollamos el sentido de la responsabilidad universal, si no comprendemos que somos realmente parte de una gran familia humana, no podremos superar los peligros que amenazan nuestra propia existencia, y no digamos alcanzar la paz y la felicidad.

¿Qué implica eso? Una vez que reconocemos que todos los seres valoran la felicidad y no desean sufrir, buscar la felicidad sin preocuparse por los sentimientos y aspiraciones de todos los miembros de nuestra familia humana se convierte en algo moralmente erróneo y desaconsejable desde el punto de vista pragmático. Tener en cuenta a los demás cuando perseguimos nuestra propia felicidad nos conduce a lo que yo llamo el «interés personal sensato», que con un poco de suerte, se transformará en un «interés personal comprometido» o, mejor aún, en un «interés mutuo». Hay personas que creen que cultivar la compasión es bueno para otros pero no necesariamente para ellas, pero se equivocan. Uno mismo es el beneficiario más directo, pues la compasión genera, al instante, sensación de serenidad (hoy día los investigadores médicos han demostrado, a través de estudios científicos, que una mente serena es clave para una buena salud), fuerza interior y una gran confianza y satisfacción, mientras que no existe la certeza de que el objeto de nuestra compasión se beneficie. El amor y la compasión enriquecen nuestra propia vida interior, reduciendo el estrés, la desconfianza y la soledad. Estoy de acuerdo con un médico occidental que hace poco me dijo que esas personas que utilizan con frecuencia la palabras *yo*, *mío* y *mí* corren mayor riesgo de sufrir infartos. Cuando, debido al egocentrismo, concentramos la visión en nosotros mismos, hasta un problema pequeño resulta intolerable.

Aunque cabría esperar que el aumento de la interdependencia entre las naciones generara más cooperación, es difícil alcanzar un espíritu de auténtica cooperación mientras la gente permanezca indiferente a los sentimientos y la felicidad de los demás. Cuando el principal motor de la conducta es la avaricia y la envidia, no se puede vivir en armonía. Un enfoque espiritual no puede brindar una solución inmediata a todos los problemas políticos causados por nuestro egocentrismo actual, pero a largo plazo actuará sobre la causa de los problemas a los que nos enfrentamos hoy y los eliminará de raíz.

El mundo se está haciendo más pequeño, hasta el punto de que todas las partes del planeta son, claramente, partes de nosotros. Así pues, la destrucción de nuestro enemigo es nuestra destrucción. El concepto mismo de la guerra ha quedado anticuado. Si el siglo xx fue el siglo del derramamiento de sangre, el siglo xxi ha de ser el siglo del diálogo.

Si la humanidad continúa tratando sus problemas desde la perspectiva de la conveniencia personal, las generaciones futuras se enfrentarán a tremendas dificultades. La población global va en aumento y nuestros recursos son cada vez más reducidos. Pensemos en los efectos desastrosos de la deforestación masiva para el conjunto del clima, la tierra y la ecología global. Nos enfrentamos a una catástrofe porque, guiados por intereses egoístas, sin pensar en la familia completa de seres vivos, no tenemos en cuenta el planeta ni las necesidades de la vida misma a largo plazo. Si no pensamos en esos problemas ahora, puede que las generaciones futuras no sean capaces de hacerles frente.

2. EL AMOR Y LA COMPASIÓN COMO PILARES DE LA PAZ EN EL MUNDO

Según la psicología budista, la mayoría de nuestros problemas tienen su origen en el apego a cosas que erróneamente creemos permanentes. Guiados por esta percepción equivocada, consideramos que la agresividad y la competitividad son herramientas útiles en la búsqueda de lo que imaginamos y deseamos. Pero eso solo fomenta más agresividad. Esta visión errónea siempre ha existido en la mente humana, pero nuestra capacidad para aplicarla ha ido en aumento ahora que disponemos de máquinas y técnicas enormemente poderosas para reunir y consumir recursos. Así, la avaricia y la agresividad, alentadas por nuestra ignorancia sobre cómo son las cosas en realidad, liberan aún más veneno en el mundo. Si los problemas se resuelven con humanidad, sencillamente desaparecen, mientras que si uno prueba con medios inhumanos, nuevos problemas se suman a los ya existentes.

El antídoto humano contra estos problemas es el amor y la compasión, ingredientes básicos de la paz en el mundo. Los seres humanos somos animales sociales y los principales factores que nos mantienen unidos son el amor y la compasión. Cuando uno siente amor y compasión por una persona muy pobre, estos sentimientos se fundamentan en el altruismo. Por el contrario, el amor que uno siente por su marido, esposa, hijos o amigos suele ir acompañado del apego, y cuando el apego cambia, la bondad puede desaparecer. El amor absoluto no se fundamenta en el apego, sino en el altruismo, que es la respuesta más eficaz contra el sufrimiento.

Amor y compasión es lo que debemos esforzarnos por cultivar en nosotros, ampliando sus actuales límites hasta lo ilimitado. Es posible sentir compasión y amor espontáneos, ilimitados y no discriminatorios incluso por alguien que nos ha hecho daño, un enemigo. Y su poder es asombroso.

El budismo nos enseña a ver a todos los seres sensibles como nuestra madre querida y a mostrar gratitud a nuestra madre amando a todos los seres sensibles. Una de las primeras cosas que hacemos en esta vida es mamar del pezón de nuestra madre, y la leche materna es el símbolo del amor y la compasión. Estudiando el comportamiento de los simios, los científicos han comprobado que los hijos a los que se separa de la madre durante un período prolongado son más nerviosos y bruscos y son incapaces de expresar cordialidad hacia sus semejantes, mientras que los que crecen con la madre son más juguetones, lo que implica que son más felices. Según la visión budista, nacemos y volvemos a nacer incontables veces, lo que significa que cabe la posibilidad de que cada ser sensible haya sido nuestro padre o nuestra madre en algún momento. Por consiguiente, todos los seres comparten lazos familiares. Desde el momento en que nacemos gozamos de los cuidados y la bondad de nuestros padres; después, cuando nos enfrentamos a las enfermedades y la vejez, dependemos una vez más de la bondad de otras personas. Si al principio y al final de nuestra vida dependemos de la bondad de otras personas, ¿no es lógico actuar bondadosamente con ellas en la mitad de nuestra vida? Se trata de una elección cuando menos pragmática.

Para desarrollar un corazón bondadoso, un sentimiento de unión con todos los seres, no es necesario practicar una religión convencional. No es algo exclusivo de quienes creen en una religión. Es algo accesible a todos, independientemente de la raza, la religión o la afiliación política. Es algo accesible a cualquiera que, ante todo, se siente miembro de la familia humana, que es capaz de abrazar esta visión más extensa. Los valores fundamentales del amor y la compasión están presentes en nosotros desde el momento en que nacemos, mientras que las nociones raciales, étnicas, políticas y teológicas llegan después. La violencia es contraria a nuestra naturaleza humana fundamental, lo que nos lleva a preguntarnos por qué los actos violentos se convierten en noticia y raras veces ocurre eso mismo con los actos compasivos. La razón es que la violencia es espantosa y está en desacuerdo con la naturaleza humana fundamental, mientras que los actos compasivos los damos por hechos porque son más próximos a nuestra naturaleza.

Dado que todos deseamos obtener felicidad y evitar el sufrimiento, y dado que una única persona es relativamente poco importante en comparación con una infinidad de personas, es fácil comprender que merece la pena compartir nuestras posesiones con los demás. La felicidad que obtenemos de amar y servir a los demás es muy superior a la que obtenemos de servirnos a nosotros mismos.

Nuestra vida se halla en continuo cambio, lo que genera numerosos conflictos. Pero si afrontamos los conflictos con calma y con una mente clara respaldada por la práctica espiritual, es posible resolverlos todos con éxito. Cuando el odio, el egoísmo, la envidia y la rabia nos obnubilan, no solo perdemos el control, sino la capacidad de discernir. En esos momentos de locura puede suceder cualquier cosa, incluso una guerra. Aunque la práctica de la compasión y la prudencia nos es útil a todos, resulta especialmente valiosa para quienes dirigen los asuntos nacionales, pues en sus manos están el poder y la oportunidad de establecer las condiciones que hagan posible la paz mundial.

3. Todas las religiones del mundo intentan conseguir la paz mundial

Los principios que he mencionado están de acuerdo con las enseñanzas éticas de todas las religiones del mundo. Sostengo que el budismo, el cristianismo, el confucionismo, el hinduismo, el islamismo, el jainismo, el judaísmo, el sijismo, el taoísmo y el zoroastrismo tienen el amor como ideal, buscan que la humanidad se beneficie a través de la práctica espiritual y se esfuerzan por hacer de sus seguidores mejores personas. Todas las religiones enseñan preceptos morales para el desarrollo de la mente, el cuerpo, el lenguaje y la acción: no mientas, no robes, no arrebates la vida a otros, etcétera. Todos los grandes maestros espirituales establecen como pilar la generosidad. En ella se fundamentan para desviar a sus seguidores de acciones dañinas causadas por la ignorancia y dirigirlos hacia el camino de la bondad.

Todas las religiones están de acuerdo en la necesidad de dominar la mente indisciplinada, que alberga el egoísmo y otras fuentes de problemas, y de mostrar el camino que conduce a un estado espiritual sereno, disciplinado, ético y sabio. En ese sentido creo que todas las religiones contienen, en esencia, el mismo mensaje. Naturalmente, cuando surgen diferencias religiosas a causa de la diversidad dogmática y cultural, el debate es interminable. Así y todo, es mucho mejor aplicar en la vida cotidiana la bondad que predican todas las religiones que discutir sobre las pequeñas diferencias de enfoque.

Hay muchas religiones que buscan llevar el bienestar y la felicidad a la humanidad, del mismo modo que hay muchos tratamientos para una enfermedad concreta. Todas las religiones se esfuerzan por ayudar a los seres vivos a escapar del sufrimiento y encontrar la felicidad. Independientemente de la perspectiva religiosa que elijamos, existe una razón muy poderosa para la unidad, fruto de los deseos comunes a todo corazón humano. Cada religión trabaja para aliviar el sufrimiento y hacer una contribución al mundo; la conversión no es la cuestión. Yo no pretendo convertir a otras personas al budismo. En lugar de eso, intento dilucidar de qué manera, como budista, puedo contribuir a la felicidad de todos los seres vivos.

Si bien he señalado los paralelismos fundamentales que comparten las diferentes religiones del mundo, no abogo por una nueva «religión mundial». Todas las religiones del mundo son necesarias para enriquecer la experiencia humana y la civilización. Nuestras mentes, con toda su variedad, necesitan diferentes aproximaciones a la paz y la felicidad. Lo mismo ocurre con la variedad de alimentos. Hay personas que se sienten más atraídas por el cristianismo, mientras que otras prefieren el budismo porque no propugna un creador y todo depende de los propios actos. Lo mismo podríamos decir de otras religiones. El principio es claro: la humanidad necesita de todas las religiones del mundo para que se ajusten a los diferentes estilos de vida, las diferentes necesidades espirituales y las tradiciones nacionales heredadas.

Es desde esta perspectiva que agradezco los esfuerzos que se están llevando a cabo en distintas partes del mundo para mejorar el entendimiento entre las diferentes religiones. Se trata de una necesidad particularmente apremiante. Si todas las religiones convierten la mejora de la humanidad en su principal preocupación, podrán trabajar conjuntamente para conseguir la paz mundial. El entendimiento ecuménico traerá la cohesión necesaria para que todas las religiones trabajen juntas. Aunque es un paso importante, debemos tener presente que no existe una forma rápida o fácil de resolver las diferencias doctrinales existentes entre los distintos credos, ni podemos confiar en idear una nueva creencia universal que satisfaga a todos. Cada religión hace su propia contribución y cada religión es, a su manera, adecuada para orientar a un determinado grupo de gente. El mundo las necesita todas.

Los practicantes religiosos que buscan la paz en el mundo, tienen ante sí dos tareas fundamentales. En primer lugar, debemos promover un mayor entendimiento entre los credos para lograr una armonía entre todas las religiones, armonía que podemos conseguir, en parte, respetando las creencias de los demás y dando prioridad a nuestro interés por el bienestar de la humanidad. En segundo lugar, debemos alcanzar un consenso viable sobre los valores espirituales básicos que afectan a todo corazón humano. Estos dos pasos nos permitirán actuar individual y conjuntamente a fin de crear las condiciones espirituales necesarias para la paz mundial.

Pese a las sistemáticas tentativas de sustituir los valores espirituales por el mercantilismo y las ideologías políticas, la vasta mayoría de la humanidad sigue creyendo en una religión u otra. La tenacidad de la fe, incluso en medio de regímenes políticos represivos, pone de manifiesto el poder de la religión. Esta energía espiritual es una fuerza que puede aprovecharse para traer la paz al mundo. Los dirigentes religiosos y los filántropos de todo el mundo tienen un importante papel que desempeñar en este campo.

Seamos o no capaces de alcanzar la paz en el mundo, no nos queda más opción que trabajar en pos de ese objetivo. Si permitimos que la ira predomine sobre el amor y la compasión, estaremos sacrificando lo mejor de la inteligencia humana: la sabiduría, la capacidad para distinguir entre el bien y el mal. Junto con el egoísmo, la ira es uno de los problemas más graves a los que se enfrenta el mundo de hoy.

4. Tenemos la responsabilidad de crear instituciones

La ira ocupa un lugar importante en los conflictos actuales, como los de Oriente Próximo y Asia y los conflictos entre naciones industrializadas y naciones económicamente desfavorecidas. Tales conflictos surgen porque no somos capaces de comprender lo mucho que tenemos en común. Las respuestas no están en el desarrollo y el uso de una mayor fuerza militar, ni son exclusivamente políticas o tecnológicas. No podemos atribuir los problemas a los que nos enfrentamos hoy día a una persona o causa, pues son los síntomas de nuestra negligencia en el pasado. Lo que se necesita es dar más importancia a lo que compartimos, que es básicamente un enfoque espiritual.

El odio y la lucha no pueden hacer feliz a nadie, ni siquiera a los vencedores de las batallas. La violencia siempre produce sufrimiento, de modo que es esencialmente contraproducente. Es hora de que los dirigentes mundiales aprendan a superar las diferencias de raza, cultura e ideología a fin de poder valorar nuestra situación común como seres humanos. Eso elevaría el espíritu de los individuos, de las comunidades y del mundo en general.

Los medios de comunicación de masas, incluido internet, pueden contribuir sobremanera otorgando más cobertura a aquellos asuntos de interés humano que reflejan la unidad fundamental de la humanidad. Espero que todas las organizaciones internacionales, en especial Naciones Unidas, lleguen a ser más activas y eficaces a la hora de servir a la humanidad y promover el entendimiento internacional. Sería ciertamente trágico que unos pocos miembros poderosos utilizaran organismos mundiales como la ONU para satisfacer sus intereses unilaterales. La ONU ha de convertirse en el principal instrumento de la paz mundial; es la única esperanza para las naciones pequeñas y oprimidas y, por lo tanto, para el planeta en su conjunto.

Dentro de cada nación, todo individuo debería gozar del derecho de alcanzar la felicidad, y entre las naciones debería existir igual preocupación por el bienestar de todas ellas, incluso la más débil. No estoy insinuando que un sistema sea mejor que otro y que todos los países tendrían que adoptarlo. Al contrario, la variedad de sistemas e ideologías políticos es deseable dadas las diferentes tendencias dentro de la comunidad humana. Esta variedad incrementa nuestras probabilidades de ser felices; por tanto, cada comunidad nacional ha de gozar de la libertad de desarrollar su propio sistema político y socioeconómico, según el principio de la autodeterminación.

De igual modo, puesto que ahora todas las naciones tienen mayor dependencia económica que antes, la comprensión humana ha de superar las barreras nacionales para abarcar toda la comunidad internacional. Efectivamente, a menos que creemos una atmósfera de verdadera cooperación, donde la amenaza o el uso real de la fuerza se sustituya por un entendimiento sincero, los problemas del mundo no harán más que aumentar. La brecha entre ricos y pobres no es solo moralmente inaceptable, sino que, desde el punto de vista práctico, constituye una fuente de problemas. Si a la gente de los países más pobres se les niega la felicidad que desean y merecen, estarán insatisfechos y crearán problemas a los ricos. Si se siguen imponiendo restricciones sociales, políticas y culturales, las posibilidades de alcanzar la paz mundial se debilitan. No obstante, si se satisface a la gente a un nivel profundo, sin duda acabará por conseguir la paz.

Soy consciente de la enorme tarea que tenemos por delante, pero no veo más alternativa que la que estoy proponiendo, una alternativa basada en nuestra humanidad común. Las naciones no tienen más opción que preocuparse por el bienestar de las demás naciones, no solo por las aspiraciones que comparte toda la humanidad, sino porque a largo plazo conviene a todos los implicados. También debemos pensar en el beneficio humano a largo plazo y no solo a corto plazo.

En el pasado se han realizado esfuerzos por crear sociedades más justas e igualitarias. Se han creado instituciones con nobles estatutos para combatir las fuerzas antisociales. Desafortunadamente, tales esfuerzos se han visto minados por el egoísmo y la avaricia. Hoy día somos testigos de cómo la ética y los principios nobles son eclipsados por los intereses personales, sobre todo en el ámbito de la política. La política carente de ética no promueve el bienestar humano, y la vida sin ética reduce a los humanos al nivel de las bestias. Eso lleva a muchos a mantenerse alejados de la política, pero la política no es de por sí sucia. Lo que ocurre es que la mala gestión de los instrumentos de nuestra cultura política ha deformado nuestros elevados ideales y nobles aspiraciones.

Ética, compasión, consideración y sabiduría son los elementos básicos de toda civilización. Estas cualidades han de cultivarse en la infancia y mantenerse mediante una educación moral sistemática en un entorno social alentador, de manera que pueda surgir un mundo más humano. No podemos esperar que sea la próxima generación la que efectúe el cambio; nosotros mismos debemos intentar una renovación de los valores humanos fundamentales. La esperanza descansa en las generaciones futuras, pero siempre y cuando iniciemos ahora cambios importantes en nuestros sistemas educativos a escala mundial. Necesitamos una revolución en el compromiso con los valores universales.

No basta con hacer acalorados llamamientos al cese de la degeneración moral; debemos actuar. Dado que los gobiernos de hoy día no asumen tales responsabilidades «religiosas», filántropos y dirigentes religiosos deben fortalecer las organizaciones cívicas, sociales, culturales, educativas y religiosas ya existentes para reactivar los valores humanos y espirituales. Si es necesario, debemos crear nuevas organizaciones para alcanzar estos objetivos. Solo así podemos abrigar la esperanza de crear una base más estable para la paz mundial. La semilla del amor y la compasión está dentro de nosotros, pero para fomentarla y alimentarla hace falta entendimiento y educación. Para resolver los problemas a los que se enfrenta la humanidad hemos de organizar reuniones de eruditos, educadores, trabajadores sociales, estudiosos de la psique, médicos y expertos en todos los ámbitos para hablar de las partes positivas y negativas de lo que hemos hecho hasta ahora, de lo que es preciso incorporar y lo que es preciso cambiar en nuestro sistema educativo. El entorno adecuado desempeña un papel fundamental en el crecimiento saludable de un niño. Todos los problemas, incluido el terrorismo, pueden vencerse a través de la educación, sobre todo introduciendo el interés por los demás desde el nivel preescolar.

Puesto que vivimos en sociedad, debemos compartir el sufrimiento de nuestros conciudadanos y practicar la compasión y la tolerancia no solo con nuestros seres queridos sino también con nuestros enemigos. He ahí donde se pone a prueba nuestra fuerza moral. Debemos dar ejemplo a través de la práctica personal y vivir de acuerdo con el mismo grado de integridad que deseamos transmitir a los demás. El propósito último es servir y beneficiar al mundo.

El propósito de este libro es contribuir en lo posible a la paz en el mundo; para ello explicamos la concepción budista del origen de las emociones destructivas que anidan en nuestro interior, como el deseo y el odio, y describimos prácticas budistas que ayudan a debilitar tales influencias dolorosas y sustituirlas en el corazón por amor y una visión penetrante.

PARTE I

La necesidad de una visión penetrante

1

Preparar el terreno para desarrollar una visión penetrante

> Al inicio de la práctica, sé entusiasta como un ciervo atrapado en una jaula de la que desea escapar.
>
> A medio camino sé como un agricultor durante una cosecha que no puede esperar.
>
> Al final sé como el pastor que ha traído el rebaño de vuelta a casa.
>
> PALTRUL RINPOCHÉ, *Palabras sagradas*

¿Qué es lo que provoca tantos problemas en el mundo? Nuestras propias emociones contraproducentes. Una vez generadas, nos perjudican no solo a un nivel superficial sino también en profundidad. Las emociones dañinas no producen más que problemas de principio a fin. Si intentáramos contrarrestar cada una de ellas individualmente, nos veríamos inmersos en una lucha interminable. Así pues, ¿cuál es la causa fundamental de las emociones dañinas y cómo podemos abordarla más provechosamente?

En las muchas escrituras de Buda encontramos descripciones de prácticas destinadas a contrarrestar el deseo, como por ejemplo meditar sobre lo que yace bajo la piel: carne, huesos, órganos, sangre, desechos sólidos y orina. Tales reflexiones sofocan temporalmente el deseo, pero no hacen lo mismo con el odio. Y lo mismo sucede a la inversa: las prácticas destinadas a debilitar el odio, como cultivar el amor, no curan el deseo. Estas prácticas, como las medicinas empleadas para contrarrestar una enfermedad específica, no tratan otras enfermedades. Sin embargo, dado que todas las emociones contraproducentes se basan en el desconocimiento de la verdadera naturaleza de las cosas, las prácticas que enseñan cómo superar esa ignorancia permiten debilitar todas las emociones nocivas. El antídoto contra la ignorancia es eficaz para todos los problemas. He ahí el extraordinario poder de la visión penetrante.

Para desarrollar una visión penetrante de la verdadera naturaleza de todo lo que existe —nosotros, los demás y las cosas—, es preciso estudiar primero detenidamente las enseñanzas espirituales y pensar en ellas una y otra vez. Esto es fundamental, ya que es imposible generar un estado que nos permita penetrar en la realidad si no corregimos antes nuestras ideas erróneas sobre la existencia.

RECONOCER LA IGNORANCIA

Para poder desarrollar una visión penetrante primero hay que reconocer la ignorancia. La ignorancia, en este contexto, no es solo la falta de conocimiento, sino la percepción equivocada de la naturaleza de las cosas. Dicha percepción da por hecho, erróneamente, que las personas y las cosas existen en sí mismas y por sí mismas, por su propia naturaleza. No es un concepto fácil de asimilar, pero es sumamente importante reconocer lo erróneo de esta percepción, pues es la fuente de emociones destructivas como el deseo y el odio. En el budismo se suele hablar de la vacuidad, pero es imposible comprender esta sin ver primero que la existencia intrínseca que atribuimos a las cosas es errónea. Es preciso reconocer —al menos de forma aproximada— qué es lo que atribuimos equivocadamente a los fenómenos, antes de poder comprender la vacuidad que hay en su lugar. Ese es el principal tema de este libro: comprender cómo existimos realmente, cómo somos realmente sin el revestimiento de la falsa imaginación.

Las muchas enseñanzas de Buda tienen como objetivo la liberación de la existencia cíclica —con su incesante paso de una vida a otra— y la consecución de la omnisciencia. La ignorancia es la causa de cuanto se interpone en el camino hacia esos logros. La ignorancia nos ata al sufrimiento, de modo que es preciso reconocerla claramente. Para ello debemos considerar cómo aparece en la mente esta falsa cualidad de existencia intrínseca, cómo la mente la acepta y cómo basa tantas de sus ideas en este error fundamental.

La ignorancia no es solo diferente del conocimiento, sino lo opuesto al conocimiento. Los científicos dicen que cuanto más de cerca examinamos las cosas, más probabilidades hay de que encontremos un espacio vacío. Al depender de las apariencias, la ignorancia atribuye a las personas y las cosas una concreción que, en realidad, no tienen. La ignorancia quiere hacernos creer que estos fenómenos existen por sí mismos, y guiados por ella nos parece que lo que vemos a nuestro alrededor existe de manera independiente, sin depender de otros factores, pero no es así. Al dar a las personas y las cosas que nos rodean esa posición exagerada, nos vemos arrastrados hacia toda clase de emociones desaforadas y, a la larga, dañinas.

Reconocer esta falsa apariencia de las cosas y reconocer nuestra tácita aceptación de esta ilusión es el primer paso para comprender que nosotros y el resto de los seres, así como los objetos, no existimos como parece, no existimos de forma tan concreta y autónoma. El proceso de llegar a evaluar con exactitud lo que somos realmente requiere que nos percatemos de la discrepancia entre cómo aparecemos en nuestra mente y cómo existimos en realidad. Y lo mismo en el caso de las demás personas y los demás fenómenos del mundo.

REFLEXIÓN MEDITATIVA

Considera lo siguiente:

1. Todas las emociones contraproducentes se basan en la ignorancia de la verdadera naturaleza de las personas y las cosas.

2. Hay formas concretas de inhibir temporalmente el deseo y el odio, pero si debilitamos la ignorancia que percibe de

forma errónea nuestra naturaleza, la de los demás y la de todas las cosas, todas las emociones destructivas se debilitarán.

3. La ignorancia considera que los fenómenos —que en realidad no existen en sí mismos ni por sí mismos— existen independientemente del pensamiento.

2

Descubrir la fuente de los problemas

Atraída por la luz y el calor, la palomilla vuela hacia la llama.

Sorprendido por el sonido de una guitarra, el ciervo no repara en el cazador.

Seducido por el olor de una flor, el bicho queda atrapado en su interior.

Apegado al sabor, el pez se precipita hacia el anzuelo.

Impulsado al fango, el elefante no puede escapar.

Paltrul Rinpoché, *Palabras sagradas*

Nuestros sentidos contribuyen a aumentar nuestra ignorancia. Para la vista, el oído, el olfato, el gusto y el tacto los objetos parecen existir por sí mismos. Al recibir esta información distorsionada, la mente aprueba esta categoría exagerada de las cosas. Los budistas llaman «ignorante» a esta mente por aceptar esa falsa apariencia en lugar de rechazarla. La mente ignorante no se pregunta si las apariencias son correctas o no; sencillamente acepta que las cosas son como parecen.

A renglón seguido, aceptamos la realidad aparente de la naturaleza concreta de los objetos pensando: «Si esto no es real, ¿qué lo es?». De ese modo, nuestra percepción errónea e ignorante se afianza. Por ejemplo, cuando tropezamos por primera vez con algo o alguien agradable, reparamos brevemente en el objeto, limitándonos a reconocer su presencia. La mente, en esta fase, es bastante neutral. No obstante, cuando las circunstancias nos instan a prestar mayor atención al objeto, parece que su atractivo sea parte integral del objeto. Cuando la mente acepta el objeto de ese modo —pensando que existe tal como aparece— puede surgir el deseo por el objeto y el odio por aquello que obstaculiza su obtención.

Cuando nuestro propio ser está implicado, reforzamos esa conexión: ahora es «*mi* cuerpo», «*mis* cosas», «*mis* amigos» o «*mi* coche». Exageramos el atractivo del objeto, minimizando sus defectos y desventajas, y nos apegamos a él como fuente de placer, de manera que nos vemos arrastrados hacia el deseo como si nos tiraran de una anilla en la nariz. También puede darse el caso de que exageremos la fealdad del objeto, convirtiendo algo sin importancia en un gran defecto y pasando por alto los aspectos positivos, de manera que ahora vemos el objeto como algo que obstaculiza nuestro placer, lo cual nos arrastra hacia el odio, de nuevo como si tiraran de nosotros por una anilla en la nariz. Incluso cuando el objeto no parece ni agradable ni desagradable sino algo intermedio, la ignorancia sigue prevaleciendo, si bien en este caso no genera deseo ni odio. Como dice el yogui y erudito Nagarjuna en sus *Sesenta razonamientos*:

¿Cómo no van a surgir grandes emociones perniciosas
en aquellos cuya mente se fundamenta en la existencia
    intrínseca?
Hasta cuando el objeto es corriente,
la serpiente de las emociones destructivas
les oprime la mente.

Las concepciones burdas del «yo» y lo «mío» provocan
emociones destructivas aún más burdas, como la arrogancia y
la agresividad, lo que genera problemas al que las experimenta, a su comunidad e incluso a su nación. Es preciso reconocer esas ideas erróneas observando la propia mente.

Como el pensador y yogui indio Dharmakirti dice en su
exposición del pensamiento budista:

En aquel que exagera el ser
hay siempre adhesión al «yo».
Debido a esa adhesión hay apego al placer.
Debido al apego se ocultan las desventajas
y se ven las ventajas, lo que refuerza el apego
y hace ver los objetos «míos» como medios de obtener placer.
Por tanto, mientras tengas adhesión al «yo»,
girarás en la existencia cíclica.

Es crucial reconocer los diferentes procesos del pensamiento. Algunos pensamientos simplemente nos hacen conscientes de un objeto, como ocurre cuando vemos un reloj
como un sencillo reloj, sin emociones nocivas como el deseo.
Otros pensamientos determinan correctamente que un obje-

to es bueno o malo pero no generan emociones nocivas; esos pensamientos únicamente reconocen lo bueno como bueno y lo malo como malo. No obstante, cuando se asienta la idea de que los objetos existen por sí mismos, la ignorancia fundamental ha hecho acto de presencia. Cuando la suposición errónea de la existencia intrínseca gana fuerza, surge el deseo o el odio.

El momento crucial en que pasamos de ser meramente conscientes a la percepción errónea se produce cuando la ignorancia exagera la cualidad positiva o negativa del objeto, de modo que acabamos viéndolo *intrínsecamente* bueno o malo, *intrínsecamente* atractivo o desagradable, *intrínsecamente* bonito o feo. Cuando, llevados por la ignorancia, aceptamos esta falsa apariencia como un hecho, abrimos el camino al deseo, el odio y muchas otras emociones contraproducentes. Estas emociones destructivas conducen, a su vez, a acciones basadas en el deseo y el odio, las cuales establecen en la mente las predisposiciones kármicas que dirigen el proceso de la existencia cíclica de una vida a otra.

EL ORIGEN DE LA EXISTENCIA CÍCLICA

Acabo de describir el proceso de cómo nuestra propia ignorancia nos destruye y cómo, vida tras vida, permanecemos sujetos a esa rueda de sufrimiento que llamamos «existencia cíclica»; algunos niveles mentales que normalmente consideramos correctos son, en realidad, exageraciones de la posición de las personas y las cosas, lo cual nos genera problemas a nosotros y a los demás. La ignorancia nos impide ver la realidad, el hecho de que la gente y demás fenómenos están sujetos a las leyes de causa y efecto, pero no tienen un ser esencial que exista de forma independiente.

Es preciso reconocer este proceso lo más claramente posible, comprender cada vez mejor la secuencia que comienza con la observación desapasionada y culmina con emociones y acciones contraproducentes. Sin ignorancia, las emociones contraproducentes son imposibles, no pueden producirse. La ignorancia es su respaldo. Por eso Aryadeva, erudito, yogui y discípulo indio de Nagarjuna dice:

> Igual que la capacidad de sentir está presente en todo el cuerpo,
> la ignorancia mora en todas las emociones dañinas.
> Por tanto, todas las emociones dañinas se superan
> superando la ignorancia.

REFLEXIÓN MEDITATIVA

Considera lo siguiente:

1. ¿El atractivo de un objeto parece inherente a él?
2. ¿El atractivo de un objeto oculta sus defectos y desventajas?
3. ¿La exageración del atractivo de ciertos objetos conduce al deseo?
4. ¿La exageración de la fealdad de ciertos objetos conduce al odio?

5. Observa cómo:

- Primero percibes un objeto.
- Luego observas que el objeto es bueno o malo.
- Luego concluyes que el objeto existe de forma independiente.
- Luego concluyes que ese atributo bueno o malo es inherente al objeto.
- Luego generas deseo u odio conforme a tus juicios previos.

3

Por qué es necesario comprender la verdad

> Gran parte de nuestra planificación es como querer
> nadar en una quebrada seca.
> Muchas de nuestras actividades son como gober-
> nar la casa en un sueño.
> Delirando de fiebre, uno no reconoce la fiebre.
>
> PALTRUL RINPOCHÉ, *Palabras sagradas*

Si no entendemos cómo somos realmente, nosotros y todas las cosas, no podremos reconocer los obstáculos que nos impiden liberarnos de la existencia cíclica ni, más importante aún, los obstáculos que nos impiden ayudar a otros, y deshacernos de ellos. Sin visión penetrante, no es posible abordar los problemas de raíz ni arrancar las semillas que podrían producir en el futuro.

Para superar la falsa idea de que las cosas y las personas existen como entidades autosuficientes, independientes de la conciencia, es preciso observar la propia mente para descubrir cómo se genera este error y cómo esta ignorancia da origen a otras emociones destructivas. Dado que el deseo, el odio, el orgullo, la envidia y la ira resultan de exagerar la importancia de cualidades como belleza y fealdad, es muy importante comprender cómo existen en realidad las personas y las cosas, sin exageración.

La única vía para llegar a esta comprensión es interna. Es preciso abandonar las falsas creencias con que ocultamos el verdadero ser de las cosas; no existe un medio externo para eliminar el deseo y el odio. Si una espina nos perfora la piel, podemos extraerla para siempre con un alfiler, pero para deshacernos de una actitud interna hemos de ver con claridad las creencias erróneas sobre las que se asienta. Ello requiere utilizar la razón para explorar la verdadera naturaleza de los fenómenos y, seguidamente, concentrarse en lo que se ha comprendido. He ahí el camino que conduce a la liberación y la omnisciencia. Como dice Dharmakirti:

> Si no se deja de creer en el objeto de una emoción dañina,
> esta no desaparecerá.
> El deseo, el odio y demás emociones,
> que se basan en la errónea percepción de ventajas
>   y desventajas,
> desaparecerán cuando se deje de ver estas en los objetos,
> no mediante técnicas externas.

Cuando vemos que todas las emociones conflictivas —y de hecho todos los problemas— nacen de una percepción errónea, queremos deshacernos de esa ignorancia. La forma de conseguirlo es reflexionar sobre el razonamiento que demuestra que la creencia en la existencia intrínseca carece totalmente de fundamento y, a renglón seguido, concentrarse en la vacuidad o ausencia de existencia intrínseca a través de la meditación. Como Chandrakirti, discípulo de Nagarjuna y Aryadeva, dijo:

> Viendo con la mente que todos los defectos y las emociones
> dañinas
> nacen de creer que uno existe de forma intrínseca
> y sabiendo que el objeto de esto es el ser,
> los yoguis niegan su propia existencia intrínseca.

De manera similar, Aryadeva dice que la percepción de la ausencia de ser es la forma de detener la existencia cíclica:

> Cuando se ve la ausencia de ser en los objetos,
> la semilla de la existencia cíclica se destruye

Si cortamos las raíces de un árbol, las ramas y las hojas se secan. Asimismo, todos los problemas de la existencia cíclica desaparecen eliminando el malentendido que los causa.

Los grandes eruditos y practicantes de la India —Nagarjuna, Aryadeva, Chandrakirti y Dharmakirti— comprendieron que es imposible percibir la verdad si no nos damos cuenta de que atribuimos a las personas y las cosas un estado de solidez y permanencia que en realidad no tienen. Era preciso comprender el vacío de esa falsa atribución, y para ello analizaron los fenómenos a través de textos y razonamientos.

Cómo hacer que la meditación sea significativa

Comprender este procedimiento es fundamental, porque si no se medita sobre la vacuidad del error que origina la destrucción, la meditación no abordará el problema por muy profunda que parezca. El hecho de apartar la mente de los objetos perturbadores no significa que se esté asimilando la verdad. Hemos de percibir activamente que los objetos sencillamente no existen de la forma en que la ignorancia considera que existen.

Si una persona tiene miedo porque cree erróneamente que hay una serpiente al otro lado de su puerta, no servirá de nada señalarle que hay un árbol al otro lado de la casa; en lugar de eso, hay que mostrarle que en realidad no hay ninguna serpiente en la puerta. Asimismo, hemos de comprender que los objetos que creemos que existen en sí mismos y por sí mismos en realidad no existen de ese modo, pues solo así podremos superar los problemas generados por esta percepción errónea. Si nos limitamos a impedir que la mente piense o simplemente pensamos en otra cosa, no conseguiremos llegar a la raíz del problema.

Debemos entender que, si los objetos existieran realmente de la forma en que parecen existir, las consecuencias lógicas serían imposibles, y partiendo de esa base podremos apreciar plenamente que los fenómenos no existen de esa manera. Seguirá pareciendo que las personas y las cosas existen de forma concreta e independiente, pero sabremos que no es así. Poco a poco, esta comprensión debilitará nuestras falsas ideas y reducirá los problemas que estas causan. Dado que el problema fundamental radica en aceptar las apariencias como verdade-

ras, el antídoto es percatarse de la falsedad de las apariencias
a través del razonamiento.

Tres maneras de ver los objetos

La mente puede operar sobre los objetos de tres formas:

1. Concibiendo el objeto como algo que existe de forma
   intrínseca, que es lo que hace la ignorancia.
2. Concibiendo el objeto como algo que no existe de forma intrínseca, que es lo que hace la visión penetrante.
3. Concibiendo el objeto sin determinar si existe o no
   existe de forma intrínseca, como cuando nos limitamos
   a mirar algo, por ejemplo una casa.

Que no veamos el objeto como algo que existe de forma
intrínseca, como hace la ignorancia, no significa necesariamente que lo estemos viendo como algo que no existe de forma intrínseca, como hace la visión penetrante, pues hay pensamientos que no hacen ni una cosa ni otra, y son los que
pertenecen a la tercera categoría. Por eso debemos determinar claramente esos fenómenos sobre los que cometemos este
error elemental. Si nos limitamos a pensar en otra cosa no eli-
minamos la ignorancia. Eso es como buscar a un ladrón en la
ciudad después de que el ladrón haya huido al bosque.

Una vez vencida la ignorancia, habremos arrancado de
raíz las creencias equivocadas que atribuyen a los objetos una

mayor cualidad —como belleza y fealdad—, de la que poseen en realidad. A partir de ahí se superan todas las demás emociones dañinas —deseo, odio, envidia, agresividad y demás—, que tienen su origen en la ignorancia. Cuando las emociones dañinas se eliminan, ya no pueden regir nuestras acciones (karma). Así pues, se superan los inevitables renacimientos en la existencia cíclica, generados por predisposiciones establecidas por las acciones (el otro aspecto del karma), y se alcanza la liberación.

Es importante meditar sobre esta progresión para estar seguro de comprenderla y poder buscar sin error la verdad. Cuando comprendemos plenamente cómo se entra y se sale del círculo del sufrimiento, valoramos el hecho de saber cómo son realmente las personas. Si no alcanzamos a comprender que las actitudes destructivas pueden erradicarse, no logramos percibir con claridad la existencia de la liberación. Pero, cuando comprendemos que es posible eliminar las percepciones erróneas, nuestra intención de alcanzar la liberación se ve reforzada. Por eso la visión penetrante es tan importante.

REFLEXIÓN MEDITATIVA

Considera lo siguiente:

1. La ignorancia conduce a exagerar la importancia de la belleza, la fealdad y demás cualidades.
2. La exageración de estas cualidades conduce al deseo, el odio, la envidia, la agresividad y demás emociones destructivas.

3. Estas emociones destructivas conducen a acciones contaminadas por percepciones erróneas.

4. Estas acciones (karma) conducen a los inevitables renacimientos en la existencia cíclica y a la generación constante de problemas.

5. Superar la ignorancia reduce nuestra exageración de las cualidades positivas y negativas, lo que a su vez debilita el deseo, el odio, la envidia, la agresividad y demás emociones destructivas, y pone fin a las acciones contaminadas por percepciones erróneas y, por tanto, a los inevitables renacimientos en la existencia cíclica.

6. La visión penetrante es la salida.

PARTE II

Cómo debilitar la ignorancia

4

Sentir el impacto de las interrelaciones mutuas

> Una raya de seis centímetros es corta al lado de una raya de ocho centímetros.
> Una raya de ocho centímetros es corta al lado de una raya de diez centímetros.
>
> Dicho tibetano

Puesto que la visión equivocada de que las personas y las cosas existen de forma independiente es la causa de todas las demás visiones y emociones contraproducentes, uno de los mejores métodos para superar esa visión errónea es reflexionar sobre el hecho de que todos los fenómenos se originan de forma dependiente. Como dice Nagarjuna:

> Para que haya largo ha de haber corto.
> Uno y otro no existen por su propia naturaleza.

Esta relatividad es lo que lleva a los budistas a decir que todos los fenómenos tienen un «origen dependiente», no un «origen independiente».

Reflexionando sobre el origen dependiente de las cosas, abandonaremos la creencia de que estas existen en sí mismas y por sí mismas. Nagarjuna dice:

> La percepción de la existencia intrínseca es la causa de las visiones malsanas.
> Las emociones dañinas no pueden producirse sin este error.
> Así pues, cuando se conoce por completo la vacuidad,
> las visiones malsanas y las emociones dañinas se purifican.
>
> ¿Cómo se llega a conocer la vacuidad?
> Se la llega a conocer viendo el origen dependiente de las cosas.
> Buda, conocedor supremo de la realidad, dijo:
> Lo que se produce de forma dependiente no se produce de forma intrínseca.

Aryadeva, discípulo de Nagarjuna, dice asimismo que para vencer la ignorancia es imprescindible comprender el origen dependiente de las cosas:

> Todas las emociones dañinas se superan
> superando la ignorancia.
> Cuando se percibe el origen dependiente de las cosas
> no surge la ignorancia.

El origen dependiente de las cosas hace referencia al hecho de que todos los fenómenos transitorios —físicos, mentales y demás— nacen dependiendo de ciertas causas y condiciones. Todo lo que se origina dependiendo de ciertas causas y condiciones no funciona exclusivamente por sí mismo.

REFLEXIÓN MEDITATIVA

1. Piensa en un fenómeno no permanente, como una casa.
2. Imagina que nace dependiendo de unas causas concretas: madera, carpinteros y demás.
3. Observa si esta dependencia choca con la apariencia de la casa como un fenómeno que existe por sí mismo.

ORIGEN DEPENDIENTE Y REALISMO

La teoría del origen dependiente de las cosas puede aplicarse a todo. Uno de los beneficios de aplicar esta teoría es que, cuando se ven las cosas de esa forma, se tiene una visión más holística, dado que, sea cual sea la situación —buena o mala—, esta depende de causas y condiciones. Un acontecimiento no existe por sí mismo, sino que depende de muchas causas y condiciones del presente así como de muchas causas y condiciones del pasado. De lo contrario, no podría originarse.

Cuando observamos las cosas desde este ángulo, tenemos una perspectiva del fenómeno mucho más amplia, y ello nos permite ver la realidad de la situación y su interdependencia.

Con la ayuda de esta visión holística, la medida que tomemos será realista. En política internacional, por ejemplo, sin esa visión un dirigente podría atribuir un problema a una sola persona, la cual, entonces, se convierte en un blanco fácil. Pero eso no es realista; el problema es mucho más amplio. La violencia produce una reacción en cadena. Sin una perspectiva más amplia, aunque la intención sea buena, cualquier esfuerzo por manejar la situación deja de ser realista; las medidas que se toman no estarán bien fundamentadas porque no hay una visión holística, porque no se comprende la red de causas y condiciones implicada.

De igual modo, en el campo de la medicina no basta con concentrarse en una sola especialidad. Hay que tener en cuenta el cuerpo en su totalidad. En la medicina tibetana, el enfoque diagnóstico es más holístico, pues tiene en cuenta los sistemas interactivos. Asimismo, en el ámbito de la economía, si alguien no busca más que el beneficio acaba inmerso en la corrupción. No hay más que ver cómo está creciendo la corrupción en numerosos países. Al pensar que todas las acciones comerciales son moralmente neutras estamos cerrando los ojos a la explotación. Si se considera que, como dicen en China, «No importa si un gato es blanco o negro», el resultado es que muchos gatos negros —gente de escasa moralidad— crean un montón de problemas.

Cuando no existe una visión de conjunto se pierde el realismo. La actitud de que poseer dinero es suficiente tiene consecuencias imprevisibles. No hay duda de que el dinero es necesario; por ejemplo, si alguien pensara que una vida entregada a la meditación es suficiente, no tendría nada que comer. Es preciso tener en cuenta muchos factores. Al adquirir una visión más amplia, adoptamos una actitud razonable y nuestras acciones se tornan pragmáticas, y de ese modo obtenemos resultados favorables.

La principal desventaja de las emociones destructivas es que eclipsan la realidad. Como dice Nagarjuna:

> Cuando cesan las emociones dañinas y sus acciones,
>   se produce la liberación.
> Las emociones dañinas surgen de falsas concepciones.

Las concepciones falsas, aquí, son formas de pensamiento exageradas que no coinciden con los hechos. Si un objeto —un acontecimiento, una persona o cualquier otro fenómeno— tiene un aspecto mínimamente favorable, en cuanto percibimos erróneamente el objeto como algo que existe enteramente por sí mismo, de forma real y auténtica, la proyección mental exagera su atractivo real y aparece el deseo. Lo mismo sucede con la rabia y el odio; en este caso se exagera un factor negativo y el objeto se ve como algo enteramente negativo, lo que genera un profundo desasosiego. Hace poco, un psicoterapeuta me dijo que cuando generamos rabia, el noventa por ciento de la fealdad del objeto al que dirigimos nuestra rabia es fruto de nuestra propia exageración. Esta idea concuerda con la idea budista acerca de cómo se originan las emociones destructivas.

En el momento en que la rabia y el deseo aparecen, no vemos la realidad; en lugar de eso vemos una proyección mental irreal de extrema bondad o extrema nocividad que da lugar a acciones retorcidas y poco realistas. Todo ello puede evitarse si vemos las cosas en su conjunto, lo cual se consigue prestando atención al origen dependiente de los fenómenos, la red de causas y condiciones de la que surgen y en la que existen.

Visto de esta forma, las desventajas de las emociones destructivas resultan obvias. Si queremos percibir la situación real, debemos dejar voluntariamente de someternos a emociones destructivas, porque en todos y cada uno de los ámbitos de la vida obstaculizan la percepción de los hechos. Si el deseo o la rabia, por ejemplo, guían nuestros actos, los hechos quedan velados.

El amor y la compasión son también sentimientos fuertes que incluso pueden hacernos llorar de empatía, pero no son inducidos por la exageración, sino por la percepción válida de la difícil situación de unos seres sensibles y de la conveniencia de interesarse por su bienestar. Tales sentimientos se basan en la comprensión de cómo sufren los seres en la rueda del renacimiento llamada «existencia cíclica», y son más profundos cuando entendemos la falta de permanencia y la vacuidad, conceptos que abordaremos más adelante. Si bien el amor y la compasión pueden estar influidos por emociones destructivas, el amor y la compasión verdaderos están exentos de exageración, pues se basan en la percepción válida de nuestra relación con los demás. La perspectiva del origen dependiente de los fenómenos es sumamente útil para apreciar las cosas en su conjunto.

LA DEPENDENCIA CON RESPECTO A LAS PARTES

El origen dependiente de las cosas también hace referencia al hecho de que todos los fenómenos —sean o no permanentes— existen con dependencia de todas sus partes. Todo tiene partes. Una olla, por ejemplo, existe con dependencia de sus partes, tanto de las partes burdas, como la tapa, las asas y el boquete, como de las sutiles, como las moléculas. Sin sus partes esenciales, una olla no puede existir; no existe de la forma concreta, independiente, en que parece existir.

¿Qué hay de las partículas atómicas que son los componentes básicos de objetos mayores? ¿Pueden carecer de partes? También eso es imposible, pues si una partícula no tuviera extensión espacial no podría combinarse con otras partículas para formar un objeto mayor. Los físicos creen que hasta la partícula más pequeña podría descomponerse en partes más pequeñas si pudiéramos crear herramientas lo bastante poderosas para hacer tal cosa. Pero, aunque encontraran una entidad físicamente irrompible, seguiría teniendo extensión espacial y, por tanto, partes; de lo contrario, no podría mezclarse con otras entidades para formar algo más grande.

REFLEXIÓN MEDITATIVA

1. Piensa en un fenómeno no permanente, por ejemplo un libro.
2. Imagina que nace dependiendo de sus partes: páginas y cubierta.
3. Observa si esa dependencia con respecto a las partes choca con el hecho de que parezca existir por sí mismo.

EXAMINAR LA CONCIENCIA

La conciencia implicada en la acción de contemplar un jarrón azul no tiene partes espaciales porque no es física, pero sí existe como un continuo de momentos. La conciencia implicada en la contemplación de un jarrón azul tiene momentos anteriores y momentos posteriores en su continuo, y tales momentos, por breves que sean, son partes de una corriente de conciencia.

Piensa ahora en el momento más breve de un continuo. Si el momento más breve no tuviera un principio, un intermedio y un final, no podría unirse con otros momentos breves para formar un continuo; estaría tan cerca de un momento anterior como de un momento posterior, en cuyo caso no habría continuo alguno.

Como dice Nagarjuna:

Si un momento tiene un final, también ha de tener
un principio y un intermedio.
También el principio, el intermedio y el final
deben ser analizados como momentos.

REFLEXIÓN MEDITATIVA

1. Considera la conciencia implicada en la observación de un jarrón azul.
2. Reflexiona sobre su nacimiento con dependencia de sus partes: los diversos momentos que conforman su continuo.
3. Observa si su dependencia con respecto a las partes choca con la apariencia de que existe por sí misma.

EXAMINAR EL ESPACIO

Hasta el espacio tiene partes, como el espacio relacionado con direcciones concretas, como el espacio en el este y el espacio en el oeste, o con objetos concretos.

REFLEXIÓN MEDITATIVA

1. Considera el espacio en general.
2. Reflexiona sobre su nacimiento con dependencia de sus partes: norte, sur, este y oeste.

3. Observa si su dependencia con respecto a sus partes choca con la apariencia de que existe por sí mismo.

También:

1. Considera el espacio de una taza.
2. Reflexiona sobre su nacimiento con dependencia de sus partes: la mitad superior y la mitad inferior de la taza.
3. Observa si su dependencia con respecto a las partes choca con la apariencia de que existe por sí misma.

5

Entender el razonamiento del origen dependiente de las cosas

> Puesto que no hay fenómenos que no tengan un origen dependiente, no hay fenómenos que no estén vacíos de existencia intrínseca.
>
> NAGARJUNA,
> *Fundamentos del Camino Medio*

Como se explica en el capítulo anterior, todos los fenómenos, tanto permanentes como no permanentes, tienen partes. Entre las partes y el todo hay una dependencia mutua, pero parecen tener entidad propia. Si el todo y sus partes existieran como nos parece que existen, deberíamos poder señalar un todo separado de sus partes, pero no podemos.

Existe un conflicto entre la forma en que el todo y sus partes parecen existir y la forma en que realmente existen, pero eso no significa que no haya todos, porque si no hubiera todos, no podríamos hablar de que algo es parte de algo. La conclusión ha de ser, por tanto, que hay todos pero que su existencia depende de las partes, que no existen independientemente. Como dice Nagarjuna en *Fundamentos del Camino Medio*:

> Lo que se origina de forma dependiente
> no es uno con eso de lo que depende
> y tampoco es intrínsecamente otra cosa.
> Por tanto, no es la nada ni existe de forma intrínseca.

CÓMO FUNCIONA EL RAZONAMIENTO DEL ORIGEN DEPENDIENTE DE LAS COSAS

Dependiente o independiente: no hay otra opción. Si algo es una cosa, decididamente no es la otra. Pero dependencia e independencia constituyen una dicotomía. Cuando veamos que algo no puede ser independiente ni funcionar por sí mismo, no existe otra opción salvo ver que es dependiente. Ser dependiente es carecer de la capacidad de existir por sí mismo. Míralo de este modo:

> Para existir, una mesa depende de sus partes, de modo que llamamos al conjunto de sus partes la base con la que se construye. Cuando buscamos analíticamente esta mesa que para nuestra mente parece existir de forma independiente, debemos buscarla en esta base —las patas, la tabla y demás—, pero ninguna de estas partes es una mesa. Así pues, estas cosas que no son una mesa se convierten en una mesa depen-

diendo del pensamiento; una mesa no existe por derecho propio.

Desde esta perspectiva, una mesa es algo que se origina, o existe, dependientemente. Depende de determinadas causas, depende de sus partes y depende del pensamiento. He aquí las tres modalidades del origen dependiente. De las tres, uno de los factores más importantes es el pensamiento que designa un objeto.

Existir con dependencia de una conceptualización es la acepción más sutil del origen dependiente. (Hoy día, los físicos están descubriendo que los fenómenos no existen objetivamente en sí mismos y por sí mismos, sino que existen en el contexto de su relación con un observador.) Por ejemplo, el «yo» del Dalai Lama tiene que estar dentro de la zona donde se halla mi cuerpo; no sería posible encontrarlo en otro lugar. Eso es evidente. No obstante, si se indaga en esa zona, no se puede encontrar un «yo» con sustancia propia. Así y todo, el Dalai Lama es un hombre, un monje, un tibetano que puede hablar, beber, comer y dormir. Eso es prueba suficiente de que existe, pese a que no es posible encontrarlo.

Así pues, es imposible encontrar algo que sea el «yo», pero eso no implica que el «yo» no exista. ¿Cómo no iba a existir? Sería absurdo. El «yo», decididamente, existe; pero, si existe y no se lo puede encontrar, tenemos que decir que se origina con dependencia del pensamiento. Es imposible postularlo de otra manera.

Vacuidad no es sinónimo de nada

No hay duda de que las personas y las cosas existen; la cuestión es cómo o de qué manera existen. Cuando contemplamos una flor, por ejemplo, y pensamos «Esta flor tiene una forma agradable, un color agradable y una textura agradable», se diría que hay algo concreto que posee esas características de forma, color y textura. Cuando examinamos esas características, así como las partes de la flor, parece que sean características o partes *de la flor*, como el color de la flor, la forma de la flor, el tallo de la flor y los pétalos de la flor; como si hubiera una flor que posee esas características o partes.

No obstante, si la flor existiera realmente como parece, deberíamos ser capaces de mencionar algo aparte de todas esas características y partes que son la flor. Pero no podemos. Es imposible encontrar esa flor por medio del análisis u otras herramientas científicas, pese a lo sólida, lo «encontrable» que nos parecía previamente. Dado que una flor tiene efectos, no hay duda de que existe, pero cuando intentamos encontrar una flor que exista de acuerdo con nuestras ideas sobre ella, no podemos encontrarla.

Algo que existe verdaderamente por sí mismo debería hacerse más y más evidente a medida que lo analizamos, deberíamos poder encontrarlo fácilmente. Sin embargo, ocurre todo lo contrario. Eso no significa, con todo, que no exista, pues genera efectos. El hecho de que no aparezca al analizarlo simplemente indica que no existe tal como lo perciben nuestros sentidos y nuestro pensamiento, es decir, tan concretamente establecido en sí mismo.

Si el hecho de no encontrar los objetos cuando los analizamos significara que no existen, no habría seres sensibles, no habría Bodhisattvas, ni Budas, nada puro y nada impuro. No habría necesidad de liberación; no habría razón para meditar sobre la vacuidad. No obstante, es evidente que las personas y las cosas ayudan y perjudican, que el placer y el dolor existen, que podemos liberarnos del dolor y alcanzar la felicidad. Sería absurdo negar la existencia de las personas y las cosas cuando es evidente que nos afectan. La idea de que las personas y las cosas no existen es una negación de lo obvio; es absurdo.

El yogui y erudito indio Nagarjuna demuestra que los fenómenos están vacíos o carecen de existencia intrínseca por el hecho de tener un origen dependiente. Esto en sí mismo es una señal clara de que la idea de que los fenómenos no existen de forma intrínseca no es nihilista. Nagarjuna no razona que los fenómenos, por estar vacíos, no pueden funcionar; en lugar de eso, resalta el hecho de que se originan dependiendo de causas y condiciones.

REFLEXIÓN MEDITATIVA

Considera lo siguiente:

1. Dependiente e independiente forman una dicotomía. Todo lo que existe es una cosa u otra.
2. Cuando algo es dependiente, por fuerza está vacío de existencia intrínseca.

3. En ningún lugar de las partes del cuerpo y la mente que forman la base del «yo» podemos encontrar el «yo». Por tanto, el «yo» no se establece por sí mismo sino mediante el poder de otras condiciones, esto es, sus causas, sus partes y el pensamiento.

6

Ver la interdependencia de los fenómenos

> Consciente de la doctrina del origen dependiente de las cosas, el sabio no comparte los puntos de vista extremos.
>
> BUDA

Puesto que, incluso para nuestros sentidos, los fenómenos *parecen* existir por sí mismos aun cuando no sea así, aceptamos la idea errónea de que los fenómenos existen más sólidamente de lo que en realidad existen. De ese modo nos vemos arrastrados hacia emociones contraproducentes, lo que genera las semillas de nuestra propia destrucción. Necesitamos superar esos problemas reflexionando una y otra vez sobre la naturaleza dependiente de todas las cosas.

EL IMPACTO DEL ORIGEN DEPENDIENTE DE LAS COSAS

Todos los fenómenos —beneficiosos y perjudiciales, causa y efecto, esto y aquello— se originan y establecen con dependencia de otros factores. Como dice Nagarjuna en su *La guirnalda preciosa de consejos*:

> Cuando esto es, aquello se origina,
> como lo corto cuando hay largo.
> Debido a la producción de esto, se produce aquello,
> como la luz por la producción de una llama.

Dentro de este contexto de dependencia, se originan el beneficio y el perjuicio, los fenómenos no permanentes pueden funcionar (en lugar de ser únicamente un producto de la imaginación) y el karma —las acciones y sus efectos— es factible. Tú eres factible y yo soy factible; no somos meras creaciones mentales. Al comprender esto, nos liberamos de lo que los budistas llaman «el extremo del nihilismo», que llega a la errónea conclusión de que si un fenómeno no existe de forma independiente significa que no existe en absoluto. Como dice Nagarjuna:

> Habiendo visto así que de las causas
> se originan efectos, uno reafirma lo que aparece
> en las convenciones del mundo
> y no acepta el nihilismo.

Estos dos extremos —la idea exagerada de que los fenómenos existen por sí mismos y la negación de la ley de causa y efecto— son como abismos en los que puede caer nuestra mente, la cual crea perspectivas perjudiciales que o bien exageran la condición de los objetos por encima de su naturaleza real o niegan directamente la existencia de la ley de causa y efecto. Al caer en el abismo de la exageración, nos vemos impulsados a satisfacer una idea de nosotros mismos que está por encima de lo que en realidad somos, lo cual es una proeza imposible. Y si caemos en el abismo de la negación, perdemos de vista los valores éticos y tendemos a realizar actos dañinos que socavan nuestro propio futuro.

Para encontrar el equilibrio entre el origen dependiente y la vacuidad, tenemos que saber diferenciar la existencia intrínseca de la mera existencia. También es fundamental comprender la diferencia entre la ausencia de existencia intrínseca y la inexistencia absoluta. Por eso cuando los grandes sabios budistas de India enseñaban la doctrina de la vacuidad, no utilizaban el argumento de que los fenómenos carecen de la capacidad de realizar funciones. En lugar de eso, decían que los fenómenos están vacíos de existencia intrínseca porque tienen un origen dependiente. Cuando la vacuidad se entiende de ese modo, se evitan ambos extremos. La idea exagerada de que los fenómenos existen por sí mismos se evita tomando conciencia de la vacuidad, y la negación de la existencia de funciones se evita entendiendo que los fenómenos tienen un origen dependiente y, por tanto, no son del todo inexistentes. Como dice Chandrakirti:

Este razonamiento del origen dependiente de las cosas
corta todas las redes de las percepciones erróneas.

El origen dependiente de las cosas es la vía para mantenerse alejado de los abismos de ambas visiones erróneas y del sufrimiento que comportan.

LA INEXPRESABILIDAD DE LA VERDAD

Un joven estudioso de un escuela monástica de Lhasa estaba teniendo problemas en un debate porque no conseguía dar con una buena respuesta a la cuestión planteada. Finalmente anunció, para regocijo de todos, que conocía todas las respuestas pero que tenía dificultades para expresarlas con palabras. Quizá nosotros —al no conocer bien la vacuidad— podríamos simplemente repetir la afirmación que aparece en nuestras escrituras budistas de que la perfecta sabiduría es inconcebible e inexpresable, ¡e intentar parecer profundos! Esta afirmación significa que la percepción de la vacuidad *tal como se experimenta directamente en la meditación no dualista* no puede expresarse con palabras, pero eso no significa que no podamos reflexionar y meditar sobre la vacuidad.

Cuando decimos o escuchamos términos como *vacuidad* o *verdad última*, o pensamos en ellos, aparecen como un sujeto y un objeto separados —la conciencia por un lado y la vacuidad por el otro—, mientras que en la meditación profunda el sujeto y el objeto son una misma cosa; la vacuidad y la conciencia que la percibe son indistinguibles, como agua vertida en agua.

SEMEJANZA CON LAS ILUSIONES

Empleando la herramienta del análisis, no es posible encontrar un ser que transmigre de una vida a otra, pero eso no significa que el renacimiento no exista en absoluto. Pese al hecho de que agente, acción y objeto no pueden resistir el análisis para erigirse como fenómenos independientes, las acciones sanas y malsanas dejan sus huellas en la mente, y estas cristalizan en esta vida o en otra futura.

Si, siguiendo este razonamiento, examinamos a una persona que vemos en un sueño y a una persona real que vemos estando despiertos, ni en una ni en otra podremos encontrar una entidad originada por sí misma. Ninguna de las dos puede encontrarse con este análisis, pero eso no significa que no haya personas reales o que la persona del sueño sea una persona real. Eso desmentiría las percepciones válidas. El hecho de que las personas y otros objetos no puedan encontrarse con un análisis no significa que no existan, sino que no existen por sí mismos; existen debido a otros factores. Así pues, el estar vacío de un ser que existe por sí mismo significa que se depende de otros.

REFLEXIÓN MEDITATIVA

Considera lo siguiente:

1. La existencia intrínseca nunca existió, no existe y nunca existirá.

2. Sin embargo, imaginamos que sí existe y, por consi-

guiente, nos vemos arrastrados hacia emociones angustiantes.

3. La creencia de que los fenómenos existen de forma intrínseca es una exageración extrema, un abismo aterrador.

4. La creencia de que los fenómenos no permanentes no pueden realizar funciones, o actuar como causa y efecto, es una negación extrema, otro abismo aterrador.

5. Tomar conciencia de que todos los fenómenos carecen de existencia intrínseca porque tienen un origen dependiente evita ambos extremos. Tomar conciencia de que los fenómenos tienen un origen dependiente evita el peligroso extremo de la negación; tomar conciencia de que carecen de existencia intrínseca evita el peligroso extremo de la exageración.

Evaluar el origen dependiente de las cosas y la vacuidad

> Al tener conciencia de esta vacuidad de los fenómenos, la dependencia de las acciones y sus frutos es más maravillosa aún que lo maravilloso, más fantástica aún que lo fantástico.
>
> NAGARJUNA,
> *Ensayo sobre la mente iluminada*

Reflexionar sobre el origen dependiente de un objeto —dependiente de causas y condiciones, dependiente de sus partes y dependiente del pensamiento— ayuda enormemente a superar la impresión de que el objeto existe en sí mismo y por sí mismo. Así y todo, si no acabamos de comprender exactamente de qué están vacíos los fenómenos —qué es lo que se niega— al final de este análisis tendremos la sensación de que el objeto no existe en absoluto.

Esta experiencia hará que los fenómenos nos parezcan efímeros, como dibujos insustanciales, próximos a la nada. Este error es el resultado de no distinguir entre la ausencia de existencia *intrínseca* y la inexistencia. Si no se hace esta distinción es imposible percibir el origen dependiente de los fenómenos. Por otro lado, es fundamental comprender que vacuidad significa origen dependiente, y que este significa vacuidad.

LA VIABILIDAD DE LA DINÁMICA DE CAUSA Y EFECTO

Tenemos que entender el origen dependiente de todos los agentes, acciones y objetos como la negación de su existencia intrínseca, y ver que la dinámica de causa y efecto decididamente existe. Demostramos que un objeto está vacío o carece de existencia intrínseca partiendo de que tiene un origen dependiente, de modo que la dinámica que se origina dependientemente, como la de causa y efecto, es totalmente viable. La vacuidad no es un vacío absoluto que niega la existencia de todos los fenómenos, sino la ausencia de existencia intrínseca. Los fenómenos están vacíos de esa condición, no están vacíos de sí mismos; una mesa está vacía de existencia intrínseca, no está vacía de ser una mesa. Así, como consecuencia de esta vacuidad —como consecuencia de la ausencia de existencia intrínseca— el agente, la acción y el objeto son posibles.

Visto así, la vacuidad implica que el objeto ha de existir, pero que existe de una forma diferente de como imaginábamos. Una vez que hemos entendido la vacuidad, no basta con afirmar que los fenómenos existen; debemos poseer una percepción clara de *cómo* existen. Necesitamos saber, en lo más hondo de nuestro ser, que comprender el origen dependiente

conduce a comprender la vacuidad, y que comprender la
vacuidad conduce a comprender el origen dependiente.

Razonamiento de la vacuidad
al origen dependiente

A mí me resulta más fácil comprender la vacuidad razonando
que las personas y las cosas tienen un origen dependiente, que
comprender que un objeto ha de tener un origen dependiente pues está vacío de existencia intrínseca. He aquí, con todo,
mis reflexiones.

Dentro de la falsedad, las contradicciones son posibles;
por ejemplo, una persona joven envejece de repente, o una
persona ignorante se convierte poco a poco en un erudito. En
un mundo de entidades fijas establecidas de forma intrínseca
este cambio radical no sería posible. Si un árbol fuera en esencia como es en verano, con hojas y frutos, las circunstancias
no podrían afectarlo y hacer que en invierno perdiera tales características. Si su belleza se hubiera establecido por sí misma,
no podría volverse feo debido a las circunstancias.

Lo que es falso puede ser toda clase de cosas, mientras que
lo que es verdadero es sencillamente lo que es. Cuando la palabra de una persona no es de fiar, decimos que es falsa. El hecho de que los fenómenos tengan una naturaleza falsa es lo
que permite tanto cambio, pasando de bueno a malo y de
malo a bueno, desarrollándose y deteriorándose. Dado que
las personas y las cosas no son fenómenos que existan por sí

mismos, están afectadas por las condiciones y son capaces de transformarse. Dado que la juventud no es una verdad duradera, puede convertirse en vejez.

Ya que los fenómenos son falsos en este sentido, pueden cambiar con rapidez: territorios que se llenan de gente y luego pierden población; países que están en paz emprenden guerras; se forman y desaparecen naciones. Bueno y malo, crecimiento y deterioro, existencia cíclica y nirvana, esta manera y aquella; el cambio tiene muchas formas. El hecho de que la gente y los fenómenos cambien indica que en realidad no poseen su propio estado individual tal como son; no pueden crearse a sí mismos. Ya que carecen de cimientos, pueden transformarse.

Así es como la dinámica de causa y efecto es posible dentro de un vacío de existencia intrínseca. Si los fenómenos existieran por sí mismos, no podrían depender de otros factores. Sin la dependencia con respecto a otros, la dinámica de causa y efecto sería imposible. Con la dinámica de causa y efecto es posible evitar efectos desfavorables como el dolor abandonando ciertas causas, como la envidia, y pueden conseguirse efectos favorables como la felicidad practicando otras causas, como alegrarse por el éxito ajeno.

RECONOCIMIENTOS QUE SE AYUDAN MUTUAMENTE

Por el momento, es preferible dejar a un lado la doctrina de la vacuidad si eso nos impide comprender la dinámica de causa y efecto. Reconocer la vacuidad ha de incluir la causa y el efecto de las acciones. Si pensamos que, puesto que los fenómenos están vacíos, no pueden ser buenos ni malos, nos resulta más difícil comprender la trascendencia de la vacuidad. Es preciso evaluar la dinámica de causa y efecto.

Objetos especiales de meditación

A veces resulta útil tomar a una persona de la que tengamos buen concepto, por ejemplo un maestro o guía espiritual, como objeto para este tipo de análisis. A la luz de esos momentos en que valoramos especialmente a un maestro, no caeremos en el error de negar la dinámica de causa y efecto, pues no podremos negar el impacto que esa persona nos produce.

La vacuidad es sumamente importante porque, si la comprendemos plenamente, podremos liberarnos del ciclo de las emociones destructivas, mientras que, si no la comprendemos, nos veremos arrastrados hacia las emociones destructivas que conducen a una vida tras otra de sufrimiento dentro de la existencia cíclica. No obstante, si pensamos que nuestra vacuidad depende de nosotros o que la vacuidad de un coche depende del coche, ese sustrato del que la vacuidad es una cualidad parece casi más importante que la vacuidad misma.

Así pues, puede resultar útil centrarse a veces en la apariencia que está vacía de existencia intrínseca, y otras veces en su vacío de existencia intrínseca, pasando de una visión a otra en lugar de concentrarse exclusivamente en la vacuidad. Esta reflexión alternante ayuda a establecer tanto el origen dependiente como la vacuidad, al mostrar que la vacuidad no está sola, no está aislada, sino que es la naturaleza misma de los fenómenos. Como dice el *Sutra del corazón*: «La forma es vacío; el vacío es forma».

La ausencia natural de existencia intrínseca de una forma es vacuidad; la vacuidad no es un complemento, como un sombrero en la cabeza. La vacuidad es la naturaleza, el carácter último de la forma. El sabio tibetano Tsongkhapa cita un pasaje del capítulo *Kashyapa* del *Sutra de las joyas*: «La vacuidad no vacía los fenómenos; los fenómenos están vacíos en sí mismos». Cuando estuve en Ladakh hace aproximadamente un año, encontré un pasaje similar en el *Sutra de la perfección de la sabiduría de veinticinco mil estrofas*: «La forma no se vuelve vacía por la vacuidad; la forma es vacuidad». Sentí el impulso de reflexionar sobre esta profunda observación, y me gustaría compartir con el lector lo que descubrí. Es algo complejo, de modo que ruego al lector un poco de paciencia.

En primer lugar, es innegable que los objetos parecen existir por sí mismos, e incluso dentro del budismo la mayoría de las escuelas aceptan esta apariencia de las cosas diciendo que si los objetos, como mesas, sillas y cuerpos, no existieran por sí mismos, sería imposible postular que existen. Dicen que una conciencia visual que percibe una mesa, por ejemplo, es válida en cuanto a que parece estar objetivamente establecida; de acuerdo con esos sistemas, pues, es imposible que una conciencia pueda ser válida y errónea al mismo tiempo. No obstante, según el sistema de la Escuela del Camino Medio o Escuela de la Consecuencia, seguidora de Chandrakirti, sistema que consideramos la descripción más profunda de cómo existen los fenómenos y cómo son percibidos, los fenómenos como mesas, sillas y cuerpos no existen por derecho propio; la conciencia visual es errónea en cuanto a que percibe los objetos como si se establecieran por sí mismos, pero esa misma conciencia es válida con respecto a la presencia de los objetos. Así pues, una conciencia puede ser válida y errónea al mismo tiempo: válida con respecto a la presencia del objeto y su existencia, y errónea en cuanto a que el objeto parece tener una condición independiente propia.

Chandrakirti plantea que los objetos parecen existir por sí mismos debido a un marco de percepción ordinaria equivocado. De hecho, nada se establece por sí mismo. Así pues, la forma en sí *está* vacía; no la vuelve vacía la vacuidad. ¿Qué es lo que está vacío? La propia forma. La propia mesa. El propio cuerpo. Asimismo, los demás fenómenos están vacíos de existencia intrínseca. La vacuidad no es un invento de la mente; así han sido las cosas desde el principio. Apariencia y vacuidad son una entidad y no pueden percibirse como entidades separadas.

REFLEXIÓN MEDITATIVA

Considera lo siguiente:

1. Dado que las personas tienen un origen dependiente, están vacías de existencia intrínseca. Al ser dependientes, no existen por sí mismas.

2. Dado que las personas y las cosas están vacías de existencia intrínseca, por fuerza han de tener un origen dependiente. Si los fenómenos existieran por sí mismos, no podrían depender de otros factores, ya sean estas causas, partes o el pensamiento. Puesto que los fenómenos no pueden existir por sí mismos, pueden transformarse.

3. Estos dos reconocimientos deberían trabajar juntos, fomentándose mutuamente.

Práctica enriquecedora

Comprender el razonamiento del origen dependiente nos lleva a ahondar en el análisis de que el «yo» y las demás cosas no son lo mismo que las bases sobre las que se establecen ni diferentes de ellas. También nos anima a entregarnos con entusiasmo a la práctica de la generosidad, la ética, la paciencia y el esfuerzo, cuyo núcleo central es el amor y la compasión. Eso, a su vez, aumenta nuestra capacidad de visión penetrante. Todos esos aspectos han de trabajar juntos.

Todos tenemos una mente capaz de ahondar en el conocimiento; por lo tanto, si ponemos empeño, con el tiempo adquiriremos conocimiento. Para ello es necesario leer, asistir a conferencias y estudiar, dedicar tiempo a la reflexión y meditar. Puesto que estamos dotados de conciencia y que la vacuidad es un objeto que podemos traer a la mente, nuestro esfuerzo dará resultados.

PARTE III

Aprovechar el poder
de la concentración
y la visión penetrante

8

Centrar la mente

> Deja que las distracciones se desvanezcan cual
> nubes que desaparecen en el cielo.
>
> MILAREPA

En todas las áreas del pensamiento hemos de ser capaces de analizar y, una vez que hemos tomado una decisión, centrar en ella la mente sin titubear. Estas dos capacidades —analizar y permanecer concentrado— son fundamentales para poder vernos como realmente somos. En todas las áreas del desarrollo espiritual, sea cual sea nuestro nivel, son necesarios el análisis y la concentración para alcanzar los estados a los que aspiramos, que van desde buscar un futuro mejor hasta convencernos de la causa y el efecto de las acciones (karma), esforzarnos por dejar el círculo del sufrimiento llamado existencia cíclica, cultivar el amor y la compasión y percibir la verdadera naturaleza de las personas y las cosas. Todos estos avances se llevan a cabo en la mente cambiando la manera de pensar, transformando la visión mediante el análisis y la atención. Toda meditación pertenece a la categoría general de meditación analítica o meditación de concentración, también llamadas meditación de visión penetrante y meditación de aquietamiento de la mente.

Si nuestra mente está dispersa, no puede hacer nada. Las distracciones abren la vía a las emociones contraproducentes, lo que conduce a toda clase de problemas. Sin una concentración clara y estable, el discernimiento no puede conocer la verdadera naturaleza de los fenómenos en todo su poder. Por ejemplo, para ver un cuadro en la oscuridad necesitas una luz fuerte. Aun teniendo esa luz, si esta parpadea no se puede ver el cuadro con claridad y precisión. Por otro lado, si la luz es estable pero tenue, tampoco es posible verlo bien. Se precisan ambas cosas, gran claridad mental y estabilidad, visión penetrante y concentración, como un quinqué al que la brisa no afecta. Como dijo Buda: «Cuando la mente está en equilibrio meditativo, es posible ver la realidad exactamente como es».

Únicamente contamos con nuestra mente actual para conseguirlo, de modo que debemos reunir todas sus capacidades para reforzarla. Un comerciante se dedica a vender en pequeñas cantidades a fin de acumular una gran cantidad de dinero; de igual modo necesitamos reunir y concentrar las capacidades de la mente para comprender los hechos, de manera que podamos percibir la verdad en toda su claridad. En nuestro estado habitual, sin embargo, estamos distraídos, como agua que corre por todas partes, y dispersamos la fuerza innata de nuestra mente en múltiples direcciones, lo que nos incapacita para tener una percepción clara de la verdad. Cuando la mente no está centrada, en cuanto algo aparece, este algo nos la arrebata; perseguimos un pensamiento y luego otro, fluctuantes e inestables, incapaces de concentrarnos en eso en lo que queremos concentrarnos antes de que nos distraiga otra cosa, y de ese modo nos echamos a perder. Como dice el yogui y erudito indio Shantideva:

> La persona con la mente distraída
> mora entre los colmillos de las emociones destructivas.

CENTRAR LA MENTE

Aunque la distracción es nuestro estado corriente, podemos reunir las capacidades que todos poseemos para adquirir conocimiento y centrarlas en el objeto que deseamos comprender, como hacemos cuando escuchamos instrucciones importantes. Mediante esa atención mejoran enormemente todas las prácticas —ya sea el amor, la compasión, la intención altruista de alcanzar la iluminación, o la reflexión sobre nuestra propia naturaleza y la condición real de todos los demás fenómenos—, de modo que el progreso es mucho más rápido y profundo.

El budismo ofrece muchas técnicas para desarrollar una forma de concentración llamada «aquietamiento de la mente». En este poderoso estado de concentración todas las distracciones se aquietan y la mente permanece centrada de forma constante, alegre y flexible en el objeto interno elegido, con suma claridad y firme estabilidad. En este nivel de desarrollo mental la concentración no requiere esfuerzo alguno.

Superar la pereza

La pereza tiene muchas caras y todas ellas se traducen en la postergación, en dejar la práctica para otro momento. A veces la pereza consiste en desviarse de la meditación en favor de actividades éticamente neutras, como coser o calcular cómo ir en coche de un lugar a otro; esta clase de pereza puede ser especialmente perniciosa porque tales pensamientos y actividades no suelen reconocerse como problemas.

Otras veces la pereza se manifiesta como distracción al pensar en actividades no virtuosas, como un objeto de deseo o de qué forma devolvérsela a un enemigo. Otro tipo de pereza es pensar que uno no es apto para la práctica de la meditación, sentirse inferior y desanimado: «¡Cómo puede alguien como yo conseguir algo así!». En este caso no se reconoce el gran potencial de la mente humana y el poder del adiestramiento paulatino.

Todas estas formas de pereza implican poco entusiasmo por la meditación. ¿Cómo superarlas? Reflexionar sobre las ventajas de obtener flexibilidad mental y física fomenta el entusiasmo por la meditación y contrarresta la pereza. Una vez que hayamos desarrollado el placer y el gozo de la flexibilidad mental y física que proporciona la meditación, seremos capaces de permanecer en estado meditativo todo el tiempo que queramos. En ese momento nuestra mente estará totalmente adiestrada para que podamos dirigirla hacia cualquier actividad virtuosa; todas las disfunciones del cuerpo y la mente se habrán desvanecido.

CONDICIONES PARA LA PRÁCTICA

Para el principiante, los factores externos pueden tener un impacto considerable en la meditación porque la capacidad mental interna aún no es lo suficientemente poderosa. Por eso resulta aconsejable alejarse del bullicio y contar con un espacio tranquilo para meditar. Una vez que la experiencia interna haya avanzado, las condiciones externas ya no nos afectarán tanto.

En esta primera fase destinada a cultivar el aquietamiento de la mente se necesita un entorno saludable donde practicar, alejado del bullicio y las personas que fomentan el deseo o la rabia. Internamente hemos de sentir satisfacción, no experimentar un deseo intenso por la comida, la ropa y demás, estar satisfecho con la moderación. Hemos de renunciar a las actividades y el barullo, dejar atrás el ajetreo. Especial importancia tiene el comportamiento ético, pues este aumenta nuestra sensación de relajación, de paz y de tener la conciencia limpia. Todos estos prolegómenos nos ayudan a reducir las distracciones burdas.

Cuando me hice monje, entre mis votos estaba limitar las actividades externas y concentrarme en el desarrollo espiritual. La moderación me hacía consciente de mi comportamiento y me instaba a prestar atención a lo que estaba sucediendo en mi mente para asegurarme de que no estaba desviándome de mis votos. Eso significaba que, incluso en los momentos en que no estaba haciendo un esfuerzo concreto por meditar, impedía que mi mente se dispersara, y de ese modo era constantemente dirigido hacia una meditación interna focalizada.

Hay gente que ve los votos morales como una suerte de reclusión o castigo, pero eso es un error. Del mismo modo que adoptamos una dieta para mejorar nuestra salud, no para castigarnos, las normas establecidas por Buda están destinadas a controlar la conducta contraproducente y vencer las emociones dañinas porque son destructivas. Por nuestro propio bien, refrenamos las motivaciones y acciones que pueden generar sufrimiento. Por ejemplo, debido a una seria infección de estómago que padecí hace unos años, hoy día evito los alimentos ácidos y las bebidas frías que, de lo contrario, consumiría. Este régimen me proporciona protección, no castigo.

Buda estableció estilos de conducta con el fin de mejorar nuestro bienestar, no de generarnos malestar. Las normas vuelven la mente propicia para el progreso espiritual.

La postura

La postura meditativa es importante, porque cuando enderezamos el cuerpo nuestros canales de energía internos también se enderezan, permitiendo así que la energía fluya equilibra-damente por ellos, lo que a su vez ayuda a equilibrar la mente y ponerla a nuestro servicio. Aunque la meditación puede hacerse en posición horizontal, es preferible la posición sentada, con las piernas cruzadas, teniendo presente los siete aspectos siguientes:

1. Siéntate con las piernas cruzadas y con un cojín debajo de las nalgas.

2. El aquietamiento se cultiva centrando la mente no en un objeto externo, sino en un objeto interno. Con los ojos entornados, ni abiertos ni cerrados del todo, dirige la mirada relajadamente hacia la punta de la nariz; si te resulta incómodo, mira el suelo que hay frente a ti. Deja los ojos ligeramente abiertos. Los estímulos visuales no alterarán tu concentración mental. Más tarde, está bien si los ojos se cierran por sí solos.

3. Endereza la columna, como si fuera una flecha o una pila de monedas. No la arquees hacia atrás ni hacia delante.

4. Mantén los hombros nivelados y las manos cuatro dedos por debajo del ombligo, la izquierda debajo, con la palma hacia arriba, y la derecha encima, también con la palma hacia arriba. Los pulgares se tocan para formar un triángulo.

5. Mantén la cabeza recta, de manera que la nariz esté alineada con el ombligo, pero arquea ligeramente el cuello hacia delante, como un pavo real.

6. Descansa la punta de la lengua sobre la zona del paladar próxima a los dientes. Esto te permitirá, más adelante, meditar durante períodos prolongados sin babear. También evitará que respires demasiado fuerte, lo cual te resecaría la boca y la garganta.

7. Inspira y espira suave, tranquila y uniformemente.

UNA PRÁCTICA DE RESPIRACIÓN ESPECIAL

Al inicio de la sesión conviene eliminar del cuerpo las corrientes de energía contraproducentes llamadas «aires» o «vientos». Como deshacerse de la basura, esta serie de nueve inhalaciones y exhalaciones ayuda a disipar los impulsos de deseo u odio que hayas podido abrigar antes de la sesión.

Primero, inspira profundamente por el orificio nasal derecho, cerrando el orificio izquierdo con el dedo pulgar izquierdo; acto seguido, libera el orificio nasal izquierdo, cierra el derecho con el dedo corazón izquierdo y espira por el orificio izquierdo. Hazlo tres veces. A continuación, inspira profundamente por el orificio nasal izquierdo mientras cierras el orificio derecho con el dedo corazón izquierdo; libera el orificio derecho, cierra el izquierdo con el pulgar izquierdo y espira por el orificio derecho. Hazlo tres veces. Por último, devuelve la mano izquierda al regazo, a la posición descrita en la sección anterior, e inspira y espira profundamente por ambos orificios nasales. Hazlo tres veces, hasta sumar un total de nueve inspiraciones. Al inspirar y espirar, concentra tu mente en las inspiraciones y espiraciones pensando «inspiro» y «espiro», o cuenta durante cada fase de inspiración y espiración hasta diez y luego hacia atrás. Permanece concentrado en la respiración; eso hará que tu mente se aligere y expanda, liberándola temporalmente de todo objeto de deseo u odio que hayas podido tener y refrescándola.

Hecho esto, trae claramente a tu mente tu motivación altruista, tu deseo de ayudar a los demás; si hubieras intentado introducir una actitud virtuosa estando bajo la influencia del deseo o el odio, habría sido difícil, pero ahora es más fácil. Esta práctica de respiración es como preparar un trapo sucio para teñirlo; una vez lavado es más fácil que absorba el tinte.

Al concentrar toda tu mente únicamente en la respiración, que siempre está contigo y no hace falta imaginar, conseguirás que los pensamientos se disipen y eso te permitirá serenar la mente para los pasos subsiguientes.

El objeto

Ahora consideremos la clase de objeto en que deberías concentrarte mientras practicas el aquietamiento. Dado que los efectos de las emociones destructivas previas tienden a quedarse flotando en el fondo de la mente, cualquier intento de concentración se verá fácilmente interrumpido por ellos. Si ya has asimilado claramente el vacío de existencia intrínseca, podrías tomar la imagen de la vacuidad como objeto de concentración, pero al principio es difícil concentrarse en un tema tan profundo. Probablemente necesites un objeto de atención que debilite tu emoción destructiva predominante, ya sea esta deseo, odio, confusión, orgullo o pensamientos exagerados. Los focos empleados para contrarrestar estas tendencias reciben el nombre de «objetos para la conducta purificadora».

Si tu emoción destructiva predominante es el deseo, significa que reaccionas ante una persona o cosa mínimamente atractiva deseándola de inmediato. En este caso, puedes meditar sobre los componentes de tu cuerpo, desde la coronilla hasta las plantas de los pies: piel, carne, sangre, huesos, médula, orina, heces y demás. Visto superficialmente, el cuerpo podría considerarse bello, pero si examinas detenidamente sus partes para este ejercicio, verás que no es tan bello. Un globo ocular aislado puede ser tremendo. Considera hasta la última parte de tu cuerpo, desde el pelo hasta las uñas.

En una ocasión en que estaba de visita en Tailandia, junto a la puerta de un monasterio se mostraban las fotografías de un cadáver que habían sido hechas día a día a lo largo de varias semanas. Las fases de descomposición eran obvias; las fotos fueron ciertamente útiles. Puede que tu cuerpo parezca bello, con un buen tono muscular, firme pero suave al tacto; sin embargo, cuando observas de cerca sus componentes y la desintegración de la que es susceptible, te das cuenta de que su naturaleza es otra.

Si, debido al comportamiento tenido a lo largo de muchas vidas pasadas, tu emoción destructiva predominante es el odio y la frustración, lo que hace que te alteres con facilidad e incluso pierdas los estribos con los demás, puedes cultivar el amor a través del deseo de que quienes están faltos de felicidad sean dotados de felicidad y de causas para estar felices.

Si tu emoción destructiva predominante es la confusión y el desánimo, debido, quizá, a la creencia de que los fenómenos suceden sin causas ni condiciones, o que el ser existe por sí mismo, puedes meditar sobre el origen dependiente de los fenómenos, sobre la dependencia de los fenómenos con respecto a las causas. También puedes observar el proceso del renacimiento en la existencia cíclica, comenzando por la ignorancia y terminando por el envejecimiento y la muerte. Tanto una cosa como otra debilita la confusión generada por la ignorancia y las ideas erróneas y fomenta la inteligencia.

Si tu emoción destructiva predominante, arrastrada del pasado, es el orgullo, puedes meditar sobre las categorías de los fenómenos dentro de tu complejo mente-cuerpo.

Prestar atención a estos muchos factores reduce la sensación de una identidad separada de ellos. Además, si las examinas detenidamente, te darás cuenta de que hay muchas cosas que no sabes y de ese modo se desinflará tu engrandecido sentido de identidad. Los científicos de hoy día, como los físicos, tienen sus propias categorías de fenómenos, como los seis tipos de quarks —arriba, abajo, encantado, extraño, cima y fondo— y las cuatro fuerzas —electromagnética, gravitatoria, nuclear fuerte y nuclear débil—, las cuales, si crees que lo sabes todo, minarán tu orgullo cuando reflexiones sobre ellas. Acabarás pensando: «No sé nada».

Si tu emoción destructiva predominante es la excesiva generación de pensamientos, lo que hace que estés dando vueltas a la cabeza pensando en esto y en lo otro, puedes meditar sobre la inspiración y la espiración descritas en la sección previa. Cuando unas tu mente a la respiración, la corriente de pensamientos aparentemente imparable disminuirá al instante.

Si no tienes una emoción destructiva predominante, puedes elegir cualquiera de los objetos citados.

Un objeto especial

Un objeto de meditación útil para todos los tipos de personalidad es una imagen de Buda o de otra figura religiosa, pues concentrarse en ella imbuye la mente de cualidades virtuosas. Si a fuerza de traer esta imagen a la mente una y otra vez acabas visualizándola con claridad, permanecerá contigo durante todas tus actividades del día, como si estuvieras en la presencia de Buda. Cuando estés enfermo y sufriendo, serás capaz de evocar esta maravillosa presencia. Y, cuando estés moribundo, en tu mente aparecerá constantemente un Buda y tu conciencia de esta vida terminará con una actitud de profunda devoción. ¿No sería eso beneficioso?

En tu meditación, imagina un Buda real, no un cuadro o una estatua. Primero has de conocer la forma de ese Buda en particular, ya sea escuchando una descripción de alguien o contemplando una foto o una estatua, y familiarizarte con ella para que la imagen pueda aparecer en tu mente. La conciencia mental del principiante se desvía fácilmente hacia toda clase de objetos, pero sabes por experiencia que si contemplas un objeto, por ejemplo una flor, la dispersión disminuye. Asimismo, si contemplas una imagen de Buda con los ojos la dispersión amainará, y poco a poco podrás hacer que la imagen aparezca en tu mente.

Imagina el objeto religioso a la altura de las cejas y a metro y medio o dos metros de distancia, con una estatura de entre tres y diez centímetros. Cuanto más pequeño sea el objeto, mejor se grabará en tu mente; ha de ser claro y brillante, que emita luz pero posea densidad. El brillo ayudará a impedir que la percepción de la mente sea demasiado imprecisa; la densidad ayudará a que la mente no se desvíe hacia otros objetos.

La naturaleza y el tamaño del objeto han de permanecer constantes durante el tiempo que dura el cultivo del aquietamiento. No debes alterarlos, aun cuando con el tiempo la imagen pueda cambiar de tamaño, color, forma, posición e incluso número. Devuelve la mente al objeto original.

Si te esfuerzas demasiado por hacer que el objeto sea brillante y claro, eso interferirá en el ejercicio; ajustar constantemente el brillo te impedirá desarrollar la estabilidad. Hace falta moderación. Una vez que el objeto aparezca, aunque sea vagamente, retenlo. Más tarde, cuando el objeto se estabilice, podrás ajustar gradualmente el brillo y la claridad sin perder la imagen original.

REFLEXIÓN MEDITATIVA

1. Observa detenidamente una imagen de Buda o de otra figura o símbolo religioso, prestando atención a la forma, el color y los detalles.

2. Practica para que la imagen aparezca internamente en tu conciencia, imaginándola a la altura de las cejas, a una distancia de un metro y medio o dos metros, con una estatura de entre tres y diez centímetros (mejor que sea pequeño) y un brillo intenso.

3. Piensa que la imagen es real y está dotada de las magníficas cualidades de cuerpo, habla y mente.

9

Poner a punto la mente para la meditación

Un monje llamado Shrona estaba intentando meditar pero tenía la mente demasiado tensa o demasiado relajada. Pidió consejo a Buda.

Buda le preguntó: «Cuando vivías con tu familia, ¿tocabas bien la guitarra?».

«Ciertamente.»

«¿Sonaba bien cuando tensabas o aflojabas mucho las cuerdas?»

«Ni una cosa ni otra. Tenía que hacer ambas cosas con moderación.»

«En este caso es lo mismo. Para meditar has de moderar la tensión y la relajación de tu mente.»

Paltrul Rinpoché, *Palabras sagradas*

Estás intentando desarrollar una mente meditativa que en sí sea intensamente clara, con una conciencia alerta y brillante. También estás buscando la estabilidad de poder concentrarte firmemente en el objeto. He aquí las dos cualidades mentales que necesitas: *claridad intensa* y *estabilidad inquebrantable*.

¿Qué impide que aparezcan tales cualidades? La laxitud —cuando la mente se relaja demasiado— impide desarrollar la claridad, y la agitación —cuando la mente se tensa demasiado— impide mantener la atención en el objeto.

Laxitud

La laxitud puede ser burda, sutil o muy sutil. En la laxitud burda, el objeto no es en absoluto claro y la mente se siente hundida o arrastrada hacia abajo. En la laxitud sutil, la mente permanece en el objeto, pero le falta claridad intensa. En la laxitud muy sutil, la intensidad es casi total, la mente está solo ligeramente relajada.

La laxitud se produce cuando la mente se retrae hacia dentro en el proceso de meditación. Esto no es aletargamiento, que es la pesadez e inutilidad de la mente y el cuerpo causadas por el embotamiento y que puede producirse incluso cuando se presta atención a un objeto externo. En el aletargamiento, el cuerpo está pesado y la mente está pesada, atrapada en la oscuridad. Suena relajante, ¿verdad? Solo bromeaba.

Agitación

La agitación es un estado de ánimo excitado, la mayoría de las veces debido a la atracción que sentimos por un objeto externo de deseo. También puede ser cualquier dispersión de la mente, tanto si el nuevo objeto es virtuoso, como la caridad, no virtuoso, como el deseo, o neutro, como coser. Existe la agitación burda y la sutil. En la agitación burda la mente olvida el objeto de la meditación y se pierde en otros pensamientos. En la agitación sutil el objeto no se pierde, pero un recodo de la mente está entregada al pensamiento acelerado, como el agua que corre bajo la superficie helada de un río.

Entre una sesión de meditación y la siguiente es importante dominar los sentidos, comer una cantidad de alimento moderada y mantener una observación consciente del cuerpo y la mente. De lo contrario, estos pueden ser causa de laxitud y agitación. Dormir demasiado suele conducir a la laxitud, mientras que tener expectativas poco realistas sobre los placeres de la vida suele conducir a la agitación.

DURACIÓN DE LA SESIÓN

Si la laxitud o la agitación interfieren en tu concentración y no puedes contrarrestarlas, en lugar de insistir obstinadamente en sesiones de meditación largas, prueba sesiones breves pero frecuentes. A medida que tu rendimiento mejore y los problemas disminuyan, ve alargando las sesiones.

Si la laxitud es un problema, resulta de gran ayuda meditar en un lugar elevado, y también meditar al alba. Justo después de despertar, los sentidos no están todavía activos pero el poder del pensamiento está presente. Y como los órganos sensoriales todavía no están funcionando, son menos las distracciones. Personalmente, al alba es cuando mi mente está más despejada y aguda.

ATENCIÓN E INTROSPECCIÓN

La atención es una técnica destinada a mantener la mente siempre fija en el objeto de meditación. Es el antídoto contra el olvido. Dado que el principiante posee esta habilidad en una dosis reducida, hay que fomentarla e incrementarla a fuerza de devolver la mente una y otra vez al objeto.

Comprueba asiduamente si tu mente está centrada o no en el objeto. Al repetir esta acción, llegará un momento en que enseguida te percatarás de cuándo tu mente se ha distraído con otra cosa. Con el tiempo advertirás cuándo tu mente se dispone a desviarse del objeto, y serás capaz de mantenerla ahí. Esta habilidad es atención.

La técnica para reconocer si la laxitud o la agitación están impidiendo que la mente desarrolle claridad y estabilidad se llama «introspección». Esta comprobación frecuente de si el objeto es claro y estable no se hace con todo el poder de la mente sino de refilón, para así no interferir en la atención de la mente en el objeto.

Ciertamente, para desarrollar una atención poderosa hay que controlar si se está concentrado o no en el objeto, pero en esta etapa la función de la introspección es ver si la mente se halla bajo la influencia de la laxitud o la agitación, no solo si está centrada o no en el objeto. Como dice el erudito y yogui indio Bhavaviveka:

> Al elefante de la mente que se pasea a su antojo
> hay que amarrarlo con la cuerda de la atención
> al pilar de un objeto de meditación,
> para domarlo poco a poco con el gancho de la sabiduría.

La experiencia te enseñará a reconocer cuándo tu estado de meditación se ha tornado excesivamente agitado o laxo y a determinar la mejor práctica para reajustarlo según se explica en las dos secciones siguientes. A medida que desarrolles tu capacidad de introspección, internamente sentirás cuál es el nivel adecuado de tensión, como afinar la cuerda de una guitarra hasta el punto justo, ni demasiado tensa ni demasiado floja. Finalmente, como resultado de tu experiencia acumulada, serás capaz de detectar la laxitud y la agitación antes de que se manifiesten y de aplicar las técnicas para impedir su aparición tensando o aflojando el modo en que la mente percibe el objeto.

REFLEXIÓN MEDITATIVA

1. Fija la mente en el objeto de meditación.
2. Empleando la introspección, comprueba de vez en cuando si tu mente permanece en el objeto.

3. Si adviertes que se ha desviado, invoca de nuevo el
objeto y fija tu mente en él todas las veces que sea necesario.

De esta forma desarrollarás atención e introspección.

APLICAR REMEDIOS

Cuando, gracias a la introspección, adviertes que tu mente ha
caído bajo la influencia de la laxitud o la agitación o intuyes
que estas están a punto de manifestarse, has de poner remedio
de inmediato. No basta con limitarte a advertir el problema
sin combatirlo. Recuerda que la incapacidad para aplicar un
remedio es, en sí, un problema; asegúrate de que lo haces. No
cometas el error de pensar que esos problemas no son importantes o que no puedes ponerles freno.

Remedios para la laxitud

En el caso de la laxitud, que es causada por un exceso de retraimiento, la mente se relaja más de la cuenta y pierde fuerza
y tensión. La pesadez mental y física pueden generar laxitud,
lo que a su vez puede hacer que se pierda el objeto de observación, como si hubieras caído en la oscuridad; puedes incluso llegar a dormirte. Cuando la laxitud empieza a manifestarse, es necesario reanimar la mente tensándola.

Si necesitas otra técnica para reforzar la mente, eleva o haz más brillante el objeto de meditación, o presta más atención a los detalles; observa el arco de las cejas de la imagen de Buda, si ese es tu objeto. Si eso no funciona, sin dejar de meditar abandona temporalmente el objeto y piensa en algo que te haga feliz, como las maravillosas cualidades del amor y la compasión, o la maravillosa oportunidad de que la vida humana permita la práctica espiritual. Si eso no funciona, y sigues bajo la influencia de una laxitud o un aletargamiento burdo, puedes incluso dejar la meditación e ir a un lugar elevado o con amplias vistas. Estas técnicas harán que tu desinflada mente se tense y agudice.

Remedios para la agitación

En las ocasiones en que la mente está agitada y has intentado aflojar la tensión sin conseguirlo, necesitas aplicar otra técnica para retraer la mente. En este momento podría ayudarte bajar el objeto e imaginarlo más pesado. Si eso no funciona, sin dejar de meditar abandona temporalmente el objeto y piensa en un tema que te serene, por ejemplo el modo en que la ignorancia ocasiona los sufrimientos de la existencia cíclica poniéndonos bajo la influencia de las emociones destructivas. O podrías reflexionar sobre la inminencia de la muerte. También ayuda pensar en las desventajas de los objetos hacia los que te has desviado y las desventajas de la propia distracción. Tales reflexiones harán que la excesiva tensión de la mente se afloje, permitiéndote mantener la mente en el objeto de observación. Cuando eso ocurra, regresa inmediatamente al objeto original. A veces, si mi tiempo de meditación es limitado porque tengo trabajo que hacer, esta sensación de apremio promueve un mayor esfuerzo que refuerza la atención.

DEJAR LOS REMEDIOS

Una vez que has aplicado un remedio con éxito es importante que lo abandones y devuelvas toda tu concentración al objeto de meditación. Aplicar en exceso los antídotos contra la laxitud y la agitación cuando el defecto ya ha desaparecido perturbará la estabilidad que estás intentando alcanzar. En este momento es importantísimo dejar de aplicar el remedio y permanecer en el objeto, comprobando de tanto en tanto si la agitación o la laxitud se disponen a hacer acto de presencia.

Más adelante, cuando hayas alcanzado un alto dominio de la meditación y ya no corras el riesgo de sufrir un exceso de tensión o relajación, el simple hecho de tener presente la posible necesidad de aplicar remedios entorpecerá el desarrollo de la concentración focalizada. Así y todo, no dejes de estar al tanto de estos problemas demasiado pronto. En la siguiente sección explicaré cuándo es conveniente hacerlo.

NIVELES DE PROGRESO HACIA EL AQUIETAMIENTO

Las enseñanzas budistas describen nueve niveles de progreso hacia el aquietamiento real; tales niveles forman un mapa de meditación que nos indica dónde estamos y qué necesitamos hacer para avanzar.

Nivel 1: fijar la mente en el objeto

Cuando, después de escuchar o leer las instrucciones sobre cómo fijar la mente en el objeto de meditación, retraes la mente y tratas de mantenerla en el objeto, es probable que al principio no lo consigas y te veas sometido a una corriente incesante de pensamientos. Si es así, te hallas en el primer nivel. Incluso puede que tengas tantos pensamientos que parezca que el hecho de intentar meditar aumente la aparición de estos, pero en realidad estás reparando en el alcance, antes inadvertido, de tus propias divagaciones. Tus esfuerzos por aplicar la atención es lo que hace que te des cuenta de lo que está sucediendo.

Nivel 2: fijación periódica

Cuando uno emplea enérgicamente la atención y se pregunta una y otra vez «¿Estoy centrado en el objeto?», empieza a ser capaz de mantener la mente en el objeto durante períodos breves, pero sigue siendo mayor la distracción que la concentración en el objeto. Este es el segundo nivel, durante el cual los pensamientos a veces se dan un descanso y a veces aparecen inesperadamente. Los principales problemas durante los dos primeros niveles son consecuencia de la pereza y del hecho de olvidar el objeto, pero la laxitud y la agitación también impiden una atención meditativa estable y continua. Durante los dos primeros niveles se trabaja para dirigir la mente al objeto; más adelante se trabajará para mantenerla en él.

Nivel 3: retraimiento y recolocación

A medida que, mediante la atención, uno consigue reconocer antes la distracción, más capaz es de devolver la concentración al objeto cuando esta se ha desviado, como si se pusiera un parche en una tela. La atención ha madurado ahora hasta el punto de que enseguida se reconoce la distracción.

Nivel 4: mantenerse cerca

Cuando, gracias al desarrollo pleno de la atención, uno puede contrarrestar de inmediato la pereza y el olvido, pasa al cuarto nivel, donde no se descuida el objeto. La agitación burda ha terminado, pero persisten versiones sutiles de ella que interfieren de vez en cuando, sin conseguir, por ello, que se pierda el objeto. En los tres primeros niveles, la pereza y el olvido eran los principales problemas, mientras que ahora lo son la laxitud y la agitación.

Nivel 5: disciplinar la mente

La introspección ahora se hace más fuerte y, gracias a la experiencia, uno reconoce las ventajas de la estabilidad meditativa; la laxitud burda ya no hace acto de presencia. El retraimiento de la mente de los objetos externos es ahora excesivo, de modo que es necesario aplicar remedios para la laxitud sutil y, de ese modo, agudizar la mente.

Nivel 6: calmar la mente

Mediante la aplicación de los remedios para la laxitud sutil se alcanza el sexto nivel. La introspección se ha desarrollado plenamente y, gracias a la experiencia, uno conoce los defectos de perderse en los pensamientos y las emociones destructivas; la laxitud sutil no representa un gran peligro. No obstante, esos mismos remedios destinados a vencer la laxitud sutil agudizando la mente pueden conducir a una mente excesivamente tonificada, y ahora existe el peligro de generar una agitación sutil.

Nivel 7: calmar la mente por completo

Mediante la aplicación de los remedios para la agitación sutil se alcanza el séptimo nivel. En cuanto el deseo, la dispersión, la laxitud, el aletargamiento y demás aparecen, aunque sea de forma sutil, uno los abandona por medio del esfuerzo. Ya no es necesario preocuparse por no caer bajo la influencia de la laxitud o la agitación sutil. El esfuerzo consigue ahora detenerlas, de modo que ya no pueden perjudicar la concentración, aun cuando generen leves interrupciones.

Nivel 8: focalizar la mente

Ahora el poder del esfuerzo está plenamente desarrollado, de modo que con un poco de esfuerzo al comienzo de la sesión, la sesión entera de meditación permanece libre de laxitud y agitación y uno es capaz de mantener la estabilidad meditativa sin interrupción. Ya no es necesario analizar si la laxitud o la agitación están a punto de manifestarse. Ahora ese esfuerzo puede dejarse a un lado, pero eso no significa relajar la percepción sumamente clara del objeto.

Nivel 9: la mente en equilibrio

Una vez familiarizados con la meditación por medio de este adiestramiento, el esfuerzo de aplicar la atención y la introspección ya no es necesario y la mente se centra voluntariamente en el objeto; el noveno nivel es espontáneo. Cuando, al comienzo de la sesión, uno dirige la mente al objeto, la estabilidad meditativa se mantiene sin interrupción durante un buen rato por su propio impulso, sin depender del esfuerzo inicial necesario en el nivel anterior. Ahora ya no es necesario aplicar remedios contra ningún tipo de laxitud o agitación.

Características del aquietamiento de la mente

El noveno nivel, pese a ser espontáneo, precede al nivel del aquietamiento. Mediante una mayor ejercitación de la atención focalizada, libre de la laxitud y la agitación, se genera flexibilidad mental y física.

Primero uno siente el cerebro más pesado, pero no de una forma desagradable. Por otro lado, se nota un cosquilleo en la coronilla, como si a uno le colocaran una mano caliente sobre la cabeza después de habérsela afeitado. Es una señal de que está a punto de surgir la *flexibilidad mental* que elimina las disfunciones mentales que impiden una atención meditativa del todo natural. Es una ligereza mental que se obtiene solo mediante la meditación, cuando la mente permanece gustosamente en su objeto.

Esta flexibilidad mental hace que circule una energía favorable por todo el cuerpo, lo que produce *flexibilidad física* y elimina toda las incomodidades y disfunciones físicas que generan fatiga y falta de entusiasmo por la meditación. El cuerpo se siente ligero como el algodón. Esta flexibilidad física da lugar, al instante, a la *dicha de la flexibilidad física*, una sensación de bienestar que invade todo el cuerpo. Ahora es posible utilizar el cuerpo para las actividades virtuosas que uno elija.

Este placer físico conduce al placer mental, llamado la «dicha de la flexibilidad mental», que llena la mente de una alegría que al principio es algo exagerada pero que poco a poco se va regulando. En este momento se alcanza una *fle-*

xibilidad permanente, lo cual marca la obtención del verdadero aquietamiento. Antes de eso, solo se tiene algo parecido al aquietamiento.

Con un aquietamiento pleno, la mente está lo bastante concentrada para depurar las emociones destructivas cuando se une a la visión penetrante. Cuando uno entra en equilibrio meditativo, la flexibilidad mental y la flexibilidad física se alcanzan rápidamente, y es como si la mente se mezclara con el propio espacio. Cuando uno deja la meditación, se siente el cuerpo como algo nuevo, y algunos aspectos de la flexibilidad mental y la flexibilidad física permanecen. Fuera de la meditación, la mente es firme como una montaña y tan clara que uno tiene la sensación de poder contar las partículas de una pared, y se experimentan menos emociones contraproducentes, pues uno está prácticamente libre del deseo de imágenes, sonidos, olores, sabores y texturas agradables, así como de malas intenciones, aletargamiento, apatía, agitación, contrición y duda. Además, el sueño se transforma fácilmente en meditación, durante la cual se tienen muchas experiencias maravillosas.

REFLEXIÓN MEDITATIVA

1. Para contrarrestar la laxitud, que es una forma demasiado relajada de percibir el objeto meditativo:

      Primero intenta tensar un poco la atención en el objeto.

      Si eso no funciona, haz más brillante el objeto, elévalo o presta más atención a sus detalles.

Si eso no funciona, deja el objeto y piensa durante un rato en un tema agradable, como las maravillosas cualidades del amor y la compasión o la maravillosa oportunidad de que la vida humana permita la práctica espiritual.

Si eso no funciona, deja de meditar y ve a un lugar elevado o con amplias vistas.

2. Para contrarrestar la agitación, que es una forma demasiado tensa de percibir el objeto meditativo:

Primero intenta relajar un poco tu forma de imaginar el objeto.

Si eso no funciona, baja el objeto en tu mente e imagínalo más pesado.

Si eso no funciona, deja el objeto y piensa durante un rato en un tema que te serene, por ejemplo el modo en que la ignorancia ocasiona los sufrimientos de la existencia cíclica, o la inminencia de la muerte, o las desventajas del objeto hacia el que te has desviado y las desventajas de la distracción misma.

Si aprendes estas técnicas, poco a poco desarrollarás la capacidad de aplicarlas cuando adviertas problemas en la calidad de tu atención cuando meditas.

PARTE IV

Cómo poner fin al autoengaño

10

Meditar primero sobre uno mismo

A través de uno se conoce a todos.
A través de uno también se ve a todos.

BUDA

Puesto que es el individuo quien experimenta placer y dolor, quien crea problemas y acumula karma —todo el ruido y el desorden que genera el yo—, el análisis debería comenzar por uno mismo. Luego, una vez que se comprende que esta persona carece de existencia intrínseca, se puede extender este análisis a las cosas que uno utiliza, disfruta y padece. En este sentido, la persona es fundamental.

Por eso Nagarjuna presenta primero la ausencia de ser de las personas y luego la utiliza como ejemplo para explicar la ausencia de ser de los fenómenos. En *La guirnalda preciosa de consejos* dice:

Una persona no es tierra, ni agua,
ni fuego, ni viento, ni espacio,

ni conciencia, ni todo ello.
¿Qué persona hay aparte de eso?

Del mismo modo que por existir dependiendo del
conjunto de los seis componentes
una persona no se establece como su realidad propia,
por constituirse dependiendo de un conjunto
cada uno de los componentes tampoco se establece como
        su realidad propia.

Del mismo modo que una persona no existe de forma intrínseca porque depende de un conjunto de seis componentes
—tierra (las sustancias sólidas del cuerpo), agua (líquidos),
fuego (calor), viento (energía, movimiento), espacio (los hue-
cos del cuerpo) y conciencia—, ningún componente existe de
forma intrínseca porque se establece, a su vez, con dependencia de sus propias partes.

Los ejemplos son más fáciles de comprender que aquello
que ejemplifican. Buda habla sobre el tema en el *Sutra del rey
de las meditaciones*:

Ahora que has conocido la falsa discriminación de uno mismo
aplica mentalmente eso a todos los fenómenos.
Todos los fenómenos están completamente vacíos de existencia
        intrínseca, como el espacio.
A través de uno se conoce a todos.
A través de uno también se ve a todos.

Cuando uno sabe cómo es realmente el yo, puede comprender todos los fenómenos internos y externos empleando ese mismo razonamiento. Viendo cómo existe un fenómeno —uno mismo—, se puede conocer la naturaleza de todos los demás fenómenos. Por eso el proceso de la meditación implica, en primer lugar, esforzarse por percibir la propia falta de existencia intrínseca y, a continuación, trabajar para percibir eso mismo en los demás fenómenos.

REFLEXIÓN MEDITATIVA

Considera lo siguiente:

1. La persona está en el centro de todos los problemas.
2. Por consiguiente, lo mejor es trabajar para comprender primero tu verdadera naturaleza.
3. Acto seguido, esta percepción podrá aplicarse a la mente, el cuerpo, la casa, el coche, el dinero y demás fenómenos.

11

Comprender que uno no existe
en sí mismo y por sí mismo

> Igual que un carro es expresado verbalmente
> dependiendo de un conjunto de partes, con-
> vencionalmente un ser sensible se establece de-
> pendiendo de los conjuntos mental y físico.
>
> BUDA

En el budismo, el término *ser* tiene dos significados que es preciso diferenciar para evitar confusiones. Un significado es el de «persona» o «ser vivo». Es el ser que ama y odia, que realiza acciones y acumula karma bueno y malo, que experimenta los frutos de estas acciones, que renace en la existencia cíclica, que cultiva la vía espiritual, y demás.

El otro significado de *ser* se deriva de la ausencia de ser, y se refiere a un estado de existencia erróneamente imaginado, excesivamente concreto, llamado «existencia intrínseca». La ignorancia que implica esta exageración es la fuente de destrucción, la madre de todas las actitudes erróneas, quizá hasta podríamos decir diabólicas. Al observar el «yo» que depende de atributos mentales y físicos, esta mente lo exagera atribuyéndole una existencia intrínseca pese al hecho de que los elementos mentales y físicos que se están observando no contienen semejante ser exagerado.

¿Cuál es la condición real de un ser sensible? Del mismo modo que un coche existe con dependencia de sus partes, como ruedas, ejes y demás, un ser sensible se establece convencionalmente dependiendo de la mente y el cuerpo. No es posible encontrar una persona separada de una mente y un cuerpo, ni dentro de una mente y un cuerpo.

Solo de nombre

Esta es la razón por la que el «yo» y todos los demás fenómenos se describen en el budismo como «solo de nombre». Eso no significa que el «yo» y todos los demás fenómenos sean solo palabras, pues las palabras empleadas para estos fenómenos se refieren, decididamente, a objetos reales. Estos fenómenos no existen en sí mismos y por sí mismos; la expresión *solo de nombre* elimina la posibilidad de que se establezcan por sí mismos. Es importante tener esto presente porque el «yo» y otros fenómenos no parece que se establezcan meramente por el nombre y el pensamiento, sino todo lo contrario.

Por ejemplo, decimos que el Dalai Lama es un monje, un ser humano y un tibetano. ¿No parece que lo estemos diciendo no con respecto a su cuerpo o su mente, sino con respecto a algo separado? Si no nos detenemos a reflexionar sobre ello, parece que exista un Dalai Lama separado de su cuerpo e independiente incluso de su mente. O piensa en ti. Si te llamas, por ejemplo, Juan, decimos «el cuerpo de Juan, la mente de Juan», de manera que parece que hay un Juan que posee una mente y un cuerpo, y una mente y un cuerpo que Juan posee.

¿Cómo puedes comprender lo erróneo de esta perspectiva? Céntrate en el hecho de que no hay nada dentro de la mente y el cuerpo que pueda ser «yo». La mente y el cuerpo carecen de un «yo» tangible. Del mismo modo que un coche se establece *dependiendo de* sus partes, pero no es la suma de estas, también el «yo» depende de la mente y el cuerpo. No existe un «yo» que no dependa de una mente y un cuerpo, mientras que, de acuerdo con las convenciones del mundo, existe un «yo» que se percibe como dependiente de una mente y un cuerpo. Para vernos como realmente somos debemos comprender este tipo de «yo», un «yo» que no podemos encontrar dentro de la mente y el cuerpo y que no es la suma de mente y cuerpo, sino que existe solo por el poder de su nombre y por nuestros pensamientos.

Cuatro pasos para comprender el «yo»

Hay cuatro pasos básicos que llevan a comprender que no existimos de la manera en que creemos que existimos. Primero los comentaré brevemente y luego de forma más detallada.

El primer paso es reconocer las creencias ignorantes que hay que rebatir. Este paso es necesario porque cuando nos buscamos dentro de la mente y el cuerpo o separado de la mente y el cuerpo y no nos encontramos, corremos el riesgo de deducir, equivocadamente, que no existimos en absoluto.

Dado que para nuestra mente el «yo» parece estar establecido en sí mismo y por sí mismo, cuando utilizamos el análisis para intentar encontrarlo y no lo encontramos parece que el «yo» no exista en absoluto, mientras que el que no existe es solo el «yo» independiente, el «yo» que existe de manera intrínseca. Puesto que se corre el peligro de caer en la negación y el nihilismo, es esencial, como primer paso, comprender qué es eso que se está negando en la ausencia de ser.

¿Cómo aparece el «yo» en la mente? No parece existir por la fuerza del pensamiento; parece existir de manera más concreta. Es preciso reconocer esta forma de percepción. Ese es el objetivo.

El segundo paso es determinar que, si el «yo» existe como parece existir, tiene que ser uno con la mente y el cuerpo o estar separado de la mente y el cuerpo. Una vez que determinamos que no existen otras posibilidades, en *los últimos dos pasos* hacemos un análisis para ver si el «yo» y el complejo mente-cuerpo pueden ser o bien una misma entidad establecida en forma intrínseca o bien entidades diferentes establecidas de forma intrínseca.

Como comentaremos en las siguientes secciones, mediante la meditación se llega a comprender que existe la falacia de que el «yo» es una de esas dos cosas. En ese momento se percibe que el «yo» de existencia intrínseca es infundado, es decir, se percibe la ausencia de ser. Una vez que se ha comprendido que el «yo» no existe de manera intrínseca, es fácil comprender que lo que es «mío» no existe de manera intrínseca.

Primer paso: reconocer el objetivo

Generalmente, sea lo que sea lo que aparece en nuestra mente, parece existir por sí mismo, independientemente del pensamiento. Cuando prestamos atención a un objeto —ya sea uno mismo, otra persona, cuerpo, mente o algo material— aceptamos su apariencia como si fuera su condición última, interna, real. Esto se ve claramente en los momentos de tensión, por ejemplo cuando alguien nos critica por algo que no hemos hecho. «Has estropeado esto y aquello.» De repente pensamos con vehemencia: «¡*Yo* no he hecho tal cosa!». Y puede que hasta gritemos al que nos acusa.

¿Cómo aparece el «yo» en nuestra mente en ese momento? ¿Cómo parece existir este «yo» que tanto valoramos y apreciamos? ¿Cómo lo percibimos? Reflexionando sobre estas cuestiones podemos hacernos una idea de la forma en que la mente percibe de manera natural e innata el «yo» como algo que existe por sí mismo, de forma independiente.

Tomemos otro ejemplo. Cuando hay algo importante que debíamos hacer y nos damos cuenta de que olvidamos hacerlo, podemos enfadarnos con nuestra mente: «¡Oh, qué horrible memoria la mía!». Cuando nos enfadamoss con nuestra propia mente, el «yo» que se enfada y la mente con la que nos enfadamos parecen estar separados.

Lo mismo ocurre cuando nos enfadamos con nuestro cuerpo o con una parte de este, como, por ejemplo, una mano. El «yo» que se enfada parece tener una existencia propia, diferente de la del cuerpo con el que estamos enfadados. En tales ocasiones es posible observar cómo el «yo» parece existir de forma independiente, como si se hubiera establecido por su propia naturaleza. Para una conciencia tal, el «yo» no parece existir dependientemente de la mente y el cuerpo.

¿Recuerdas algún momento en que hiciste algo horrible y tu mente pensó «Menudo lío he armado»? En ese momento te identificaste con un sentido del «yo» que posee una entidad concreta propia, que no es ni mente ni cuerpo, sino algo que aparece con mucha más fuerza.

O recuerda alguna ocasión en que hiciste algo estupendo o te ocurrió algo realmente agradable y te sentiste orgulloso. Este «yo» que tanto valoramos, que tanto apreciamos, que tanto nos gusta y que es objeto de tanto engreimiento, lo percibías de forma sumamente clara y concreta. En tales momentos, nuestro sentido del «yo» es especialmente evidente.

Una vez que hemos captado tan patente manifestación, podemos hacer que este fuerte sentido del «yo» aparezca en nuestra mente y, sin permitir que su aspecto pierda fuerza, examinar, como desde un rincón, si existe de la forma sólida en que parece existir. En el siglo XVII, el quinto Dalai Lama habló sobre esto con suma claridad:

Unas veces el «yo» parecerá existir en el contexto del cuerpo. Otras veces parecerá existir en el contexto de la mente. Otras veces parecerá existir en el contexto de los sentimientos, las discriminaciones u otros factores. Después de observar esta diversidad de apariencias, llegarás a reconocer un «yo» que existe por sí mismo, que existe de forma intrínseca, que se ha establecido a sí mismo desde el principio y que existe indiferenciadamente con la mente y el cuerpo, los cuales también se mezclan como la leche y el agua. Este es el primer paso, el establecimiento del objeto que hay que invalidar debido a su ausencia de ser. Has de trabajar en ello hasta que surja la experiencia profunda.

Los tres pasos restantes, tratados en los tres capítulos siguientes, sirven para comprender que esta clase de «yo», en el que tanto creemos y que rige gran parte de nuestro comportamiento, en realidad es un producto de la imaginación. Este sólido «yo» no existe en absoluto. Para trabajar los pasos posteriores, es muy importante reconocer este «yo» que se instituye a sí mismo.

REFLEXIÓN MEDITATIVA

1. Imagina que alguien te critica por algo que no has hecho señalándote con el dedo y diciendo: «Has estropeado esto y aquello».
2. Observa tu reacción. ¿Cómo aparece el «yo» en tu mente?
3. ¿De qué forma lo estás percibiendo?
4. Observa que ese «yo» parece existir por sí mismo, establecido por su propia naturaleza.

También:
1. Recuerda una ocasión en que te enojaras con tu mente, por ejemplo por haber olvidado algo.
2. Repasa tus sentimientos. ¿Cómo aparecía el «yo» en tu mente en aquel momento?
3. ¿De qué manera lo estabas percibiendo?
4. Observa que ese «yo» parece existir por sí mismo, establecido por su propia naturaleza.

También:
1. Recuerda una ocasión en que estuvieras harto de tu cuerpo o de algún rasgo de tu cuerpo, por ejemplo el pelo.
2. Observa tus sentimientos. ¿Cómo aparecía el «yo» en tu mente en ese momento?
3. ¿De qué forma lo estabas percibiendo?
4. Observa que ese «yo» parece existir por sí mismo, establecido por su propia naturaleza.

También:
1. Recuerda una ocasión en que hiciste algo horrible y pensaste: «Menudo lío he armado».
2. Piensa en tus sentimientos. ¿Cómo aparecía el «yo» en tu mente en ese momento?
3. ¿De qué forma lo estabas percibiendo?
4. Observa que ese «yo» parece existir por sí mismo, establecido por su propia naturaleza.

También:
1. Recuerda una ocasión en que hiciste algo maravilloso y te llenaste de orgullo.

2. Examina tus sentimientos. ¿Cómo aparecía el «yo» en tu mente en ese momento?

3. ¿De qué forma lo estabas percibiendo?

4. Observa que ese «yo» parece existir por sí mismo, establecido por su propia naturaleza.

También:

1. Recuerda una ocasión en que te ocurrió algo maravilloso y te produjo un gran placer.

2. Observa tus sentimientos. ¿Cómo aparecía el «yo» en tu mente en ese momento?

3. ¿De qué forma lo estabas percibiendo?

4. Observa que ese «yo» parece existir por sí mismo, establecido por su propia naturaleza.

12

Determinar las opciones

> Cuando se analizan individualmente los fenó-
> menos como carentes de ser y se medita sobre
> lo analizado, he ahí la causa que conduce al
> fruto, al nirvana.
>
> No se consigue la paz por medio de otra causa.
>
> Buda

En el primer paso comprendemos cómo aparecemos en nuestra mente. Este paso es necesario pues, si no llegamos a entender qué es la existencia intrínseca, por mucho que hablemos de la ausencia de ser o la vacuidad, serán solo palabras. Una vez que hemos reconocido la idea de que los objetos existen por sí mismos, al estudiar y meditar sobre la ausencia de ser y la vacuidad nos preparamos para comprender en cierta medida la ausencia de una existencia demasiado concreta. Si no supiéramos que los objetos parecen gozar de esa categoría y que así lo aceptamos, tendríamos la impresión de que los grandes tratados sobre la vacuidad solo están intentando forzarnos a aceptar lo que nos dicen. Así pues, hay que regresar una y otra vez al primer paso pues, a medida que aumente nuestro conocimiento, nuestra valoración del objetivo que investigamos será cada vez más sutil.

Segundo paso: limitar las posibilidades

Ahora hay que establecer una estructura lógica para el siguiente análisis. En general, todo aquello que traemos a la mente ha de ser uno o más de uno, singular o plural. Por ejemplo, está claro que una columna de piedra y una olla de hierro son plurales; un cuenco, en cambio, es una cosa, es singular.

Así pues, lo que existe de forma intrínseca también ha de ser o bien una entidad, o bien varias entidades; no hay otra posibilidad. Eso significa que si el «yo» existe de forma intrínseca ha de ser una misma entidad con la mente y el cuerpo, o bien algo totalmente diferente de la mente y el cuerpo.

Hay que reflexionar sobre estos parámetros, pues forman el contexto para examinar, en los últimos dos pasos, si el objetivo que reconocimos en el primer paso realmente existe de forma tan concreta. Si así es, tendría que resistir este análisis.

REFLEXIÓN MEDITATIVA

1. Analiza si el «yo» que se establece a sí mismo de forma intrínseca en el contexto del complejo mente-cuerpo podría existir sin ser parte de la mente y el cuerpo o separado de ellos.

2. Piensa, a modo de ejemplo, en otros fenómenos, como una taza y una mesa, o una casa y una montaña. Observa que no existe una tercera categoría de existencia. Son la misma cosa o son cosas diferentes.

3. Decide que si el «yo» existe, como parece, de forma intrínseca, tiene que ser una misma entidad con la mente y el cuerpo o estar separado de ellos.

13

Analizar la unidad

> La doctrina que más purifica la mente es la de la ausencia de existencia intrínseca.
>
> Nagarjuna, *Alabanza a la realidad*

Ahora ya estás preparado para analizar si el «yo» puede ser una entidad con la mente y el cuerpo. Piensa en las siguientes implicaciones. Si el «yo» existiera por sí mismo, tal como le parece a nuestra mente, y además fuera lo mismo que el complejo mente-cuerpo, entonces el «yo» y el complejo mente-cuerpo no podrían diferir en absoluto. Tendrían que ser absolutamente y en todos los sentidos lo mismo. Los fenómenos que parecen ser de una manera pero existen de otra son falsos, pero es imposible que en aquello que está auténticamente establecido se dé un conflicto entre apariencia y realidad. Lo verdadero ha de aparecer de la forma en que existe y ha de existir de la forma en que aparece.

Si el «yo» es lo mismo que el complejo mente-cuerpo, ¿tiene siquiera sentido reivindicar la existencia del «yo»? Como dicen los *Fundamentos del Camino Medio* de Nagarjuna:

> Si se decide que no hay otro yo
> que el complejo mente-cuerpo,
> entonces el complejo mente-cuerpo es el yo,
> por lo cual tu yo es inexistente.

Si el «yo» y el complejo mente-cuerpo fueran exactamente lo mismo, sería imposible pensar en «mi cuerpo» o «mi cabeza» o «mi mente» o conjeturar que «mi cuerpo se está fortaleciendo». Asimismo, si el «yo» y el complejo mente-cuerpo fueran una misma entidad, cuando la mente y el cuerpo dejaran de existir, también el «yo» dejaría de existir.

Un segundo problema es que, puesto que mente y cuerpo son plurales, el «yo» de una persona también tendría que ser múltiple. Como dice Chandrakirti:

> Si la mente y el cuerpo fueran el yo,
> como la mente y el cuerpo son plurales
> el yo también sería plural.

O si el «yo» es uno, la mente y el cuerpo también serían, absurdamente, uno.

Un tercer problema es que, del mismo modo que la mente y el cuerpo se producen y desintegran, el «yo» tendría que producirse intrínsecamente y desintegrarse intrínsecamente. Aunque los budistas aceptamos que el «yo» se produce y se desintegra, sostenemos que eso ocurre *convencionalmente*, no de forma intrínseca. Dada la ausencia de existencia intrínseca, es posible que una serie de momentos, e incluso vidas, formen un continuo en el que lo posterior depende de lo anterior. Sin embargo, si el «yo» se produjera intrínsecamente y se desintegrara intrínsecamente, sería imposible que los momentos presentes de la vida dependieran de momentos anteriores, puesto que cada momento se produciría y desintegraría por sí mismo, sin depender de ninguna otra cosa. En tal caso, las vidas anteriores serían imposibles, pues cada vida existiría en sí misma y por sí misma.

Buda hablaba del recuerdo de vidas anteriores, y hay quien, erróneamente, interpreta que el Buda de después de la iluminación y el individuo que fue en una vida anterior son el mismo y, por tanto, permanente. Sin embargo, cuando Buda describía vidas anteriores se guardaba de no especificar que la persona de su vida actual en un lugar concreto en un momento concreto era la persona anterior en un lugar concreto en un momento concreto. Hablaba en términos generales, diciendo meramente «en el pasado fui tal persona», pero no decía, «en el pasado Buda Shakyamuni fue tal persona».

Así pues, el agente de las acciones (karma) en una vida anterior y el agente que experimenta los resultados de esos karmas están incluidos en el continuo de lo que los budistas llaman el «yo de existencia no intrínseca» (o el «mero yo») que viaja de vida en vida. Si el «yo» se produjera intrínsecamente y se desintegrara intrínsecamente, dicho continuo sería imposible, puesto que las dos vidas —la persona que realizó la acción y la persona que experimenta el efecto— no tendrían relación. Eso resultaría en el absurdo de que los efectos placenteros de las acciones virtuosas y los efectos dolorosos de las acciones no virtuosas no recaerían en nosotros; los efectos de esas acciones se malgastarían. Además, siendo innegable que experimentamos los efectos de las acciones, estaríamos experimentando los efectos de acciones que nosotros no hemos realizado.

REFLEXIÓN MEDITATIVA

Piensa en las consecuencias de que el «yo» se establezca en sí mismo y por sí mismo, según aparece en nuestra mente, y de que, además, sea lo mismo que el complejo mente-cuerpo:

1. El «yo» y el complejo mente y cuerpo tendrían que ser absolutamente y en todos los sentidos uno.
2. En ese caso, reivindicar un «yo» sería absurdo.
3. Sería imposible pensar en «mi cuerpo» o «mi cabeza» o «mi mente».
4. Cuando la mente y el cuerpo dejaran de existir, el «yo» también dejaría de existir.
5. Puesto que mente y cuerpo son plurales, el «yo» de una persona también sería plural.
6. Puesto que el «yo» es solo uno, mente y cuerpo también serían uno.
7. Del mismo modo que la mente y el cuerpo se producen y desintegran, también debería afirmarse que el «yo» se produce intrínsecamente y se desintegra intrínsecamente. En este caso, ni los efectos agradables de las acciones virtuosas ni los efectos dolorosos de las acciones no virtuosas recaerían en nosotros, o estaríamos experimen-

tando los efectos de acciones que nosotros no hemos realizado.

Recuerda que lo que se establece intrínsecamente no puede ser incluido en el mismo continuo, sino que ha de ser diferente y carecer de relación. Para comprender esto es preciso ser consciente de que el «yo» y otros fenómenos nos parecen, por lo general, autoinstituidos y que, por lo general, aceptamos esa apariencia y actuamos conforme a ella. Esta es la clase de existencia exagerada que estamos analizando.

14

Analizar la diferencia

> Del mismo modo que sabemos que para ver la
> imagen de nuestra cara dependemos de un es-
> pejo, pero que la imagen no existe en realidad
> como cara, la idea del «yo» existe dependien-
> do de la mente y el cuerpo, pero, igual que la
> imagen de una cara, el «yo» no existe en abso-
> luto como una realidad propia.
>
> NAGARJUNA, *La guirnalda preciosa de consejos*

Ahora analiza si el «yo» y el complejo mente-cuerpo pueden ser diferentes. Considera las siguientes implicaciones. Las cosas mentales y físicas reciben el nombre de «fenómenos compuestos» porque se producen, permanecen y desintegran momento a momento. Tales características revelan que los factores mentales y físicos existen debido a causas y condiciones específicas y que, por tanto, no son permanentes.

Si el «yo» y toda la gama de fenómenos no permanentes fueran intrínsecamente diferentes, el «yo», absurdamente, no tendría las características de los fenómenos no permanentes, o sea, las de producirse, permanecer y desintegrarse, del mismo modo que un caballo, por ser una entidad diferente de un elefante, no tiene las características particulares de un elefante. Como dice Chandrakirti:

> Si se afirma que el yo es diferente de la mente y el cuerpo, entonces, del mismo modo que la conciencia es diferente del cuerpo, se determinaría que el yo tiene una naturaleza enteramente diferente de la mente y el cuerpo.

Una vez más, si el «yo» y el complejo mente-cuerpo fueran intrínsecamente diferentes, el «yo» tendría que ser algo falsamente imaginado o un fenómeno permanente. Tampoco podría tener las características particulares del cuerpo y la mente y, por consiguiente, tendríamos que poder observarlo como algo completamente separado del cuerpo y la mente. Cuando buscáramos qué es el «yo», tendríamos que encontrar algo separado de la mente y el cuerpo, pero no es posible hacer tal cosa. El «yo» sólo se percibe en el contexto de la mente y el cuerpo. Como dice Chandrakirti:

> No hay otro yo que el complejo mente-cuerpo porque, separada del complejo mente-cuerpo, su concepción no existe.

REFLEXIÓN MEDITATIVA

Piensa en las consecuencias de que el «yo» se establezca en sí mismo y por sí mismo, según le parece a nuestra mente, y de que sea intrínsecamente diferente del complejo mente-cuerpo:

1. El «yo» y el complejo mente-cuerpo tendrían que estar completamente separados.

2. En ese caso, deberíamos poder encontrar al «yo» después de retirar la mente y el cuerpo.

3. El «yo» no tendría las características de producción, permanencia y desintegración, lo cual es absurdo.

4. El «yo», absurdamente, tendría que ser solo un producto de la imaginación o un fenómeno permanente.

5. Absurdamente, el «yo» no tendría ninguna característica física ni mental.

15

Llegar a una conclusión

> La realidad se afirma después de lo que se
> imaginó con anterioridad por ignorancia.
>
> NAGARJUNA, *La guirnalda preciosa de consejos*

A mediados del siglo XVII, el quinto Dalai Lama resaltó lo importante que es para el análisis no caer en la rutina y mantener vivo el interés. Cuando buscamos un «yo» de existencia tan concreta y no lo encontramos ni en el complejo mente-cuerpo ni como algo intrínsecamente diferente de este, es importantísimo que la búsqueda sea esmerada; de lo contrario, no sentiremos el impacto de no encontrarlo. El quinto Dalai Lama escribió:

> No es suficiente que el no encontrar sea solo una repetición de la pobre expresión «no está». Por ejemplo, cuando un buey se pierde, no aceptas como verdad la mera afirmación: «No está en la zona». En lugar de eso, a fuerza de buscarlo en las tierras altas, en las tierras centrales y en las tierras bajas de la zona, llegas a la firme conclusión de que no es posible

encontrarlo. También aquí, a fuerza de meditar hasta alcanzar una conclusión, llegas al mismo convencimiento.

Una vez que procedemos a analizar de este modo, comenzamos a poner en duda la sólida idea de un «yo» autoinstituido que antes parecía existir de forma tan palpable. Poco a poco empezamos a pensar: «¡Ajá! Antes esto parecía ser verdad, pero a lo mejor no lo es». A medida que avanzamos en el análisis, llegamos a convencernos (no solo superficialmente sino en lo más profundo) de que ese «yo» no existe en absoluto. Vamos más allá de las meras palabras y adquirimos el convencimiento de que, aunque parezca existir como algo concreto, no es así. He ahí la impronta del análisis exhaustivo: el profundo convencimiento de que esa clase de «yo» en realidad no existe.

Muchas veces, cuando me dispongo a dar una conferencia a un público numeroso, me doy cuenta de que, para mi mente, cada persona presente parece existir por sí misma en su respectivo asiento, en lugar de existir solo por el poder del pensamiento, de existir solo convencionalmente. Todas parecen existir en un estado de exagerada solidez; eso es lo que parece, así es como se presentan en mi mente. Pero, si existieran de ese modo, debería ser posible encontrarlas por medio del examen que acabo de describir, y no es así. Existe un conflicto entre cómo parecen existir y cómo existen realmente. Por tanto, recuerdo cuanto sé acerca de la ausencia de ser y reflexiono, por ejemplo, sobre las palabras de Nagarjuna en sus *Fundamentos del Camino Medio*, donde examina si Buda existe de forma intrínseca:

Buda no es su complejo mente-cuerpo.

No es diferente de su complejo mente-cuerpo.

El complejo mente-cuerpo no está en él; él no esta en aquel.

Él no lo posee. ¿Qué Buda hay ahí?

Nagarjuna utiliza a Buda como ejemplo de la ausencia de ser, de la ausencia de una persona que existe de forma intrínseca. De igual modo hemos de reflexionar sobre nuestra propia ausencia de ser. Cuando me aplico esta reflexión, pienso:

El monje Tenzin Gyatso no es su complejo mente-cuerpo.

No es diferente de su complejo mente-cuerpo.

El complejo mente-cuerpo no está en él; él no está en aquel.

Él no lo posee. ¿Qué Tenzin Gyatso hay ahí?

El monje Tenzin Gyatso no está en su complejo mente-cuerpo, que va desde la coronilla hasta las plantas de los pies. Cuando busco al monje Tenzin Gyatso, nada encuentro, ni la conciencia visual, ni la conciencia auditiva, ni la conciencia olfativa, ni la conciencia gustativa, ni la conciencia corporal, ni la conciencia mental; tampoco la conciencia despierta, ni la conciencia onírica, ni la conciencia del sueño profundo, y al final ni siquiera la luz clara de la muerte. ¿Alguna de estas conciencias es Tenzin Gyatso? Ninguna encuentro que lo sea.

Tampoco hay nada fuera del complejo mente-cuerpo que sea Tenzin Gyatso. Además, Tenzin Gyatso no depende del complejo mente-cuerpo como entidad aparte, como un león en un bosquecillo; además, el complejo mente-cuerpo no depende de Tenzin Gyatso como una entidad aparte, como un bosque de árboles nevado; ambos necesitarían que Tenzin Gyatso y el complejo mente-cuerpo fueran entidades diferentes, y eso es imposible. Además, Tenzin Gyatso no posee el complejo mente-cuerpo como una persona posee una vaca, lo cual exigiría que fueran entidades diferentes, o como un árbol posee su núcleo, lo cual exigiría que fueran la misma entidad.

Entonces ¿qué Tenzin Gyatso hay ahí? Decididamente, no puede encontrarse nada, ni como parte del complejo mente-cuerpo, ni dependiendo del complejo mente-cuerpo como una entidad separada, ni en posesión del complejo mente-cuerpo, ni siquiera como el continuo del complejo mente-cuerpo. Es evidente que el «yo» se establece únicamente con dependencia del complejo mente-cuerpo.

Este análisis contradice la forma en que normalmente pensamos. Cuando pienso «Soy un monje», en mi mente surge una aparición del monje al cual pertenece el cuerpo y la mente. Todos somos humanos, de eso no hay duda, pero cuando nos reconocemos como una persona y cuando reconocemos a otro ser humano como otra persona, una y otra aparecen con suma concreción. No obstante, cuando aplicamos el análisis para determinar qué es la persona en cuestión —cuando analizamos si esta persona es un tipo determinado de mente y cuerpo—, nada surge. Además, no es posible que la persona sea algo completamente separado de la mente y el cuerpo. Así pues, este profundo sistema budista nos enseña que una persona se establece únicamente con dependencia de la mente y el cuerpo.

Cuando utilizo este análisis, comprendo que lo que inicialmente parecía existir de forma tan palpable no existe así en absoluto. No es posible encontrar a la persona que parecía existir tan claramente. Lo que parecía existir por sí mismo se ve como algo que depende del pensamiento.

Reflexionando sobre ello, cuando miro al público me doy cuenta de que esas decenas de miles de personas están pensando «yo», «yo», «yo», «yo» de una forma, en realidad, errónea, y que eso les causa problemas. Verlos de ese modo me ayuda —y nos ayuda a todos— a sentir una preocupación afectuosa por los seres atrapados en ese error. Así es como comienzo a menudo mis conferencias.

Meditando y cultivando paulatinamente estos cuatro pasos se desarrolla la capacidad de examinarlo todo desde esta perspectiva, es decir, de ver el conflicto entre la apariencia y la realidad y comprender desde lo más profundo que las personas y las cosas no existen como parecen existir. Lo que la mente plenamente resuelta comprende es la ausencia del «yo» de existencia intrínseca, pese a nuestro convencimiento anterior de que así era. Comprendemos por completo la negación de la existencia intrínseca, y nuestra mente se concentra en esa vacuidad.

REFLEXIÓN MEDITATIVA

Repasa repetidamente los cuatro pasos que llevan a la comprensión:

1. Céntrate en el objetivo, la apariencia del «yo» que se establece en sí mismo y por sí mismo.

2. Determina que, si el «yo» existe como parece existir, ha de ser o bien una entidad con la mente y el cuerpo o bien algo separado de la mente y el cuerpo.

3. Considera con detenimiento los problemas de que el «yo» y el complejo mente-cuerpo sean la misma cosa.

- El «yo» y el complejo mente-cuerpo tendrían que ser absolutamente y en todos los sentidos uno.
- Reivindicar un «yo» carecería de sentido.
- Sería imposible pensar en «mi cuerpo» o «mi cabeza» o «mi mente».
- Cuando la mente y el cuerpo dejaran de existir, el «yo» también dejaría de existir.
- Puesto que mente y cuerpo son plurales, el «yo» de una persona también sería plural.
- Puesto que el «yo» es solo uno, también mente y cuerpo serían solo uno.
- Del mismo modo que mente y cuerpo se producen y desintegran, el «yo» se produciría de forma intrínseca y se desintegraría de forma intrínseca. En ese caso, ni los efectos agradables de las acciones virtuosas ni los efectos dolorosos de las acciones no virtuosas recaerían en nosotros, o estaríamos experimentando los efectos de acciones que nosotros no hemos realizado.

4. Considera con detenimiento los problemas de que el «yo» y el complejo mente-cuerpo sean intrínsecamente diferentes.

- El «yo» y el complejo mente-cuerpo tendrían que estar completamente separados.

- En ese caso, deberíamos poder encontrar al «yo» después de retirar la mente y el cuerpo.

- El «yo» no tendría las características de producción, permanencia y desintegración, lo cual es absurdo.

- El «yo», absurdamente, tendría que ser solo un producto de la imaginación o permanente.

- Absurdamente, el «yo» no tendría ninguna característica física ni mental.

16

Poner a prueba la comprensión

> Igual que uno se destruye mediante una ali-
> mentación errónea, y consigue en cambio una
> larga vida libre de enfermedades, fortaleza y
> placeres mediante una alimentación correcta,
> uno se destruye mediante la percepción erró-
> nea, pero obtiene felicidad e iluminación su-
> prema mediante la percepción correcta.
>
> NAGARJUNA, *La guirnalda preciosa de consejos*

Una vez que hemos reflexionado sobre nosotros mismos, buscando un «yo» de existencia intrínseca, concluimos que no es
posible encontrar ese «yo». No obstante, ¿se trata del vacío de
existencia intrínseca o de algo más burdo? Llamamos nivel
burdo a que una persona «no exista de forma sustancial en
el sentido de que sea autosuficiente» y nivel sutil a que una
persona «no exista de forma intrínseca». Es posible llegar a
la conclusión errónea de que hemos comprendido la vacuidad sutil cuando en realidad solo hemos comprendido la vacuidad burda.

Ambas percepciones son útiles, y comprender el nivel burdo ayuda, sin lugar a dudas, a comprender el nivel sutil, pero es importante no confundirlos. Para aprender a diferenciarlos repasa primero el razonamiento resumido en el capítulo anterior; luego, cuando se venga abajo la idea de que el «yo» existe por sí mismo y desaparezca de tu mente, cambia el objeto de tu investigación del «yo» a tu cuerpo o a alguna parte de tu cuerpo, como un brazo.

Si la impresión de que tu cuerpo o tu brazo existen por sí mismos se esfuma de inmediato y en tu mente aparece la ausencia de ese estado, es una señal de que tu comprensión de la vacuidad del «yo» se ha producido a nivel sutil. Pero si la fuerza del razonamiento previo no afecta de inmediato a tu cuerpo o tu brazo, significa que tu comprensión de la vacuidad del «yo» no se ha producido a un nivel profundo, sino burdo.

Si todavía queda en ti cierta impresión de la existencia concreta de este otro fenómeno, es probable que tu análisis anterior no fuera tan profundo como parecía. Por eso Nagarjuna dice:

> Mientras la percepción de la mente y el cuerpo sea errónea también lo será la percepción del «yo».

CÓMO DIFERENCIAR ENTRE IDEAS ERRÓNEAS BURDAS Y SUTILES

El hecho de que la comprensión del «yo» no se extienda a otros fenómenos quizá se deba a que el reconocimiento inicial de un «yo» que existe por sí mismo se hizo en el contexto de un caso *evidente* de exageración de uno mismo, al cual reaccionamos con deseo, odio, actitud defensiva u otra emoción dañina. Basándonos en este reconocimiento burdo, podría parecer que en circunstancias normales nuestra idea del «yo» no se confunde con la apariencia de un «yo» que existe por sí mismo. Pero en realidad sí se confunde, aunque a un nivel más sutil. Por eso la comprensión inicial, aunque útil, no es todo lo poderosa que podría ser.

Me gustaría ahondar en este punto, así que ruego al lector que sea paciente conmigo. Primero es preciso que nos planteemos esta fascinante pregunta: Si una persona no es ni cuerpo ni mente, ni una combinación de ambos, ni algo diferente de esos elementos, ¿qué examinamos cuando pensamos en el «yo»? Los textos budistas nos dicen que prestamos atención a un «yo» o persona establecida de forma dependiente. Solo prestamos atención al «yo», al que los budistas llaman el «mero yo», pero sin comprenderlo realmente. Dado que nuestra interpretación errónea de que la mente y el cuerpo existen de forma intrínseca precede a nuestra percepción errónea del «yo», puede parecer que, cuando consideramos el «yo», estamos prestando atención a la mente y el cuerpo, cuando en realidad es al propio «yo».

Sea como fuere, el caso es que eso que ahora aparece en nuestra mente, ya sea en nuestros sentidos o en nuestra conciencia mental, se mezcla con una exageración de su condición. Toda apariencia de los objetos externos e internos, incluido el «yo», se mezcla con la impresión de que el objeto existe por sí mismo; por esa razón, nuestra conciencia se equivoca en cuanto a lo que percibe, aun cuando algunas de sus observaciones sean correctas, como el ver azul un objeto azul o reconocer una puerta como una puerta. Esa mente tiene razón en cuanto a los objetos en general pero, debido a una predisposición nuestra, cae en el error de verlos con un revestimiento de existencia intrínseca.

Por tanto, si cuando meditamos aceptamos la apariencia de nosotros mismos y procedemos a rebatir la idea de la existencia intrínseca, significa que hemos pasado por alto un ejemplo primordial de esa existencia intrínseca que intentamos rebatir. Sí, existimos, pero este «yo» no existe como le parece a nuestra mente. Por eso en el siglo XVII el primer Panchen Lama hacía hincapié en que la existencia intrínseca debe rebatirse con respecto a ese primer «yo» que generalmente aparece.

Este «yo» no existe. Cuando se comprende este hecho, la idea errónea fundamental queda contrarrestada, mientras que si dejamos ese «yo» como algo que existe y proseguimos con el análisis, no llegaremos a la raíz del problema. Eso es porque actualmente el «mero yo» (el «yo» de existencia no intrínseca) y el «yo» de existencia intrínseca están mezclados. Por consiguiente, hemos de tener presente que este «yo» al que prestamos atención no existe como parece existir. De lo contrario, si aceptamos este «yo» como real y solo buscamos demostrar que no existe *en última instancia*, interpretaremos erróneamente la naturaleza de su vacuidad.

Hace falta perseverancia

La necesidad de pasar a ese nivel más profundo es lo que hace necesario seguir alternando entre reconocer de forma cada vez más sutil cómo aparece ese «yo» y utilizar el razonamiento para ver si esa apariencia puede resistir el análisis. A través de este proceso se profundiza poco a poco en la comprensión sobre la idea exagerada del yo y la fragilidad de su fundamento.

Como dicen los grandes textos, comenzamos a distinguir entre existencia y existencia intrínseca mediante la propia experiencia. Los grandes textos nos instan a evitar tanto el extremo de exagerar la naturaleza de las personas y las cosas como el extremo contrario de pensar que las personas y las cosas no existen en absoluto. Decididamente existen; la cuestión es cómo existen.

A medida que comprendemos que no es posible encontrar a las personas y las cosas mediante el análisis, y al mismo tiempo tenemos presente que existen, empezamos a sentir el impacto de la afirmación de que existen por el poder del pensamiento. Esto, a su vez, nos lleva a reflexionar más aún sobre la forma en que las personas y las cosas aparecen en nuestra mente y mina nuestra confianza en lo positivo o lo negativo de esas apariencias que anteriormente aceptábamos automáticamente como algo intrínseco a los objetos. Comenzamos a percatarnos de cómo aceptamos la apariencia de los objetos y cómo nos aferramos a ellos.

Así pues, la meditación es un viaje largo, no un único entendimiento, ni siquiera varios. Se va haciendo más profunda a medida que pasan los días, los meses y los años. Continúa leyendo, pensando y meditando.

REFLEXIÓN MEDITATIVA

1. Repasa los cuatro pasos del análisis descritos en el capítulo 15.
2. Cuando la sensación de que el «yo» existe por sí mismo se venga abajo y desaparezca, pasa, por ejemplo, a considerar tu brazo.
3. Observa si la sensación de que tu brazo existe de forma intrínseca desaparece al instante debido al razonamiento previo.
4. Si el análisis previo no tiene un efecto inmediato en tu brazo, el nivel de tu comprensión es todavía burdo.

SIGUE TRABAJANDO

La señal de que realmente hemos interiorizado la ausencia de la existencia concreta y sólida del «yo» se produce cuando consideramos el cuerpo o la mente y ya no aceptamos como verdadera su apariencia. Hemos dejado de confiar plenamente en su apariencia exagerada porque hemos interiorizado la ausencia de existencia intrínseca descubierta mediante el análisis meditativo. Esta reducción de la confianza en la autenticidad de las apariencias es una señal de éxito, y mediante la meditación continuada se hará cada vez más firme. Es este proceso el que nos acerca cada vez más a vernos como realmente somos.

Comprender la vacuidad es difícil, pero si persistimos en el trabajo, si persistimos en el análisis, finalmente lo conseguimos. Entendemos qué significa buscar la existencia intrínseca y no encontrarla, buscar eso que la mente imagina y no encontrarlo. Esta falta de hallazgo aparece en la mente como un vacío, primero de manera vaga y luego con mayor claridad. Aunque la comprensión inicial no es excesivamente profunda, si perseveramos en el proceso cada vez lo será más.

Mediante esta percepción inicial de la vacuidad adquirimos una percepción más clara de qué es la ignorancia; esto, a su vez, nos permite experimentar mejor la vacuidad. Conocer mejor la vacuidad aumenta, a su vez, la capacidad para reconocer la ignorancia y lo que se está invalidando. Este reconocimiento intensifica el impacto del razonamiento a medida que lo aplicamos una y otra vez, lo que aumenta nuestra comprensión y debilita nuestra creencia en lo que está exagerado. Así es como se supera el problema.

Extender esta comprensión a lo que se posee

> La vía por la que has llegado a conocer la falsa
> discriminación de tu propio ser aplícala mental-
> mente a todos los fenómenos.
>
> BUDA

Recordemos: Si existiera un «yo» concreto, tendría que
ser uno con el complejo mente-cuerpo o ser diferente del
complejo mente-cuerpo. Dado que ambas posibilidades
están llenas de falacias lógicas, no hay más remedio que llegar a la conclusión de que este «yo» concreto no existe en
absoluto.

Una vez que hemos comprendido que el «yo» de existencia intrínseca no existe, resulta relativamente fácil comprender que la impresión de que las posesiones existen de forma
intrínseca es errónea. La mente y el cuerpo son objetos que
ese «yo» emplea. El «yo» es como un amo al que el cuerpo y
la mente pertenecen. De hecho, decimos «Hoy tengo el cuerpo cansado», o «Tengo el cuerpo en forma». Tales declaracio-
nes son válidas. Aunque cuando nos miramos el brazo no

pensamos «Esto soy yo», cuando el brazo siente dolor no hay duda de que pensamos «Estoy dolorido, no me encuentro bien». Sin embargo, es evidente que el «yo» y el cuerpo son diferentes; el cuerpo pertenece al «yo».

De igual manera hablamos de «mi mente», y puede que digamos «Mi memoria está fallando; algo no anda bien». Entrenamos la mente y, como a un estudiante indisciplinado, le enseñamos a hacer lo que queremos que haga.

Así pues, el cuerpo y la mente pertenecen al «yo» y el «yo» es su dueño. Aunque no puede negarse que cada uno desempeña sus funciones, no hay un «yo» independiente, separado del cuerpo y la mente, que los posee. Tus ojos, tus orejas y demás son, efectivamente, objetos que acertadamente ves como «míos», pero no existen de la forma que tan convincentemente aparecen en tu mente, es decir, como pertenencias de un «yo» de existencia intrínseca. Como dice Nagarjuna en su *La guirnalda preciosa de consejos*:

> El Buda que habla solo para ayudar a los seres
> dijo que todos los seres
> han surgido de la noción equivocada del «yo»
> y están envueltos en la noción de «lo mío».

Cuando nos damos cuenta de que el «yo» no existe de forma intrínseca, comprendemos que «lo mío» no puede existir de forma intrínseca.

REFLEXIÓN MEDITATIVA

Considera lo siguiente:

1. Los fenómenos internos, como tu mente y tu cuerpo, te pertenecen y, por lo tanto, son «tuyos».

2. Las pertenencias externas, como tu ropa o tu coche, también son «tuyas».

3. Si el «yo» no existe de forma intrínseca, lo que es «tuyo» no puede existir de forma intrínseca.

Equilibrar el aquietamiento y la visión penetrante

> Cultivar únicamente la estabilidad meditativa no destruirá la discriminación de la existencia intrínseca.
>
> Las emociones dañinas pueden volver y provocar toda clase de perturbaciones.
>
> Buda

El aquietamiento de la mente puede frenar las emociones contraproducentes, pero no puede eliminarlas del todo. La visión penetrante resulta necesaria, porque, como ya hemos explicado, puede eliminar por completo las emociones problemáticas y sus consiguientes conflictos. La meditación estabilizadora y la meditación analítica han de trabajar ahora conjuntamente. Cuando operan de ese modo pueden arrancar de raíz las emociones conflictivas y eliminar las limitaciones de la inteligencia para que podamos cumplir el objetivo último de ayudar a otros más eficazmente.

La gran claridad y la estabilidad que genera el aquietamiento abren la vía para el análisis destinado a adquirir una poderosa visión penetrante de la ausencia de existencia intrínseca o vacuidad. Al percibir directamente la vacuidad de los fenómenos —de nosotros mismos, las demás personas y las cosas— que nos llevan a experimentar emociones destructivas, es posible erradicar los problemas de raíz.

Para combinar el aquietamiento y la visión penetrante hay que alternar la meditación concentrada con la meditación analítica, y armonizarlas. El exceso de análisis fomenta la agitación, lo que desestabiliza ligeramente la mente, pero el exceso de estabilidad hace que no queramos analizar. Como dice el sabio tibetano Tsongkhapa:

> Si solo practicas la meditación analítica, el aquietamiento previamente alcanzado se deteriorará. Por consiguiente, tras haberte subido al caballo del aquietamiento, debes centrarte en el análisis y, periódicamente, alternarlo con la meditación estabilizadora.

UNIÓN DEL AQUIETAMIENTO Y LA VISIÓN PENETRANTE ESPECIAL

En un principio, el aquietamiento y el análisis son como los dos extremos de una balanza, y uno se vuelve algo más ligero cuando el otro se manifiesta. Pero luego, al alternar hábilmente la meditación estabilizadora y la meditación analítica, el poder del análisis genera mayor flexibilidad mental y física que antes, cuando el aquietamiento se alcanzaba mediante la meditación estabilizadora. Cuando el aquietamiento y la visión penetrante operan de esta forma, simultáneamente y con igual poder, se dice que hay una «unión del aquietamiento y la visión penetrante especial». También se habla de la «sabiduría obtenida mediante la meditación», a diferencia de la sabiduría obtenida mediante la escucha, la lectura, el estudio o la reflexión.

Antes, cuando leías y pensabas acerca de la vacuidad, tu conciencia apuntaba hacia la vacuidad como objeto de investigación intelectual, de modo que tu mente y la vacuidad eran cosas separadas y distintas. Ahora, sin embargo, tienes la experiencia de adentrarte en la vacuidad sin la sensación de que el sujeto y el objeto estén separados. Estás alcanzando el estado en que visión penetrante y vacuidad son como agua vertida en agua.

Poco a poco, la sensación sutil de sujeto y objeto que aún queda se desvanece, de manera que el sujeto y el objeto se funden enteramente en total no conceptualidad. Como dice Buda: «Cuando el fuego de conocer la realidad tal y como es brota del análisis correcto, la madera de la conceptualidad arde como el fuego de astillas frotadas entre sí».

REFLEXIÓN MEDITATIVA

Para el principiante es aconsejable aprender este sistema de progreso espiritual, pues ejercerá una poderosa influencia en su desarrollo. Por ahora puedes alternar un poco de meditación estabilizadora con un poco de meditación analítica a fin de experimentar el proceso y reforzar tu meditación actual.

1. Primero centra la mente en un único objeto, por ejemplo una imagen de Buda o tu respiración.
2. Utiliza la meditación analítica tal como se describe en los cuatro pasos para meditar sobre la naturaleza del «yo». Considera la imposibilidad lógica de afirmar que el «yo» y el complejo «mente-cuerpo» son la misma cosa o cosas diferentes:

UNIDAD

- El «yo» y el complejo mente-cuerpo tendrían que ser absolutamente y en todos los sentidos uno.
- En ese caso, reivindicar un «yo» no tendría sentido.
- Sería imposible pensar en «mi cuerpo» o «mi cabeza» o «mi mente».
- Cuando la mente y el cuerpo dejaran de existir, el «yo» también dejaría de existir.
- Puesto que mente y cuerpo son plurales, el «yo» de una persona también sería plural.
- Puesto que el «yo» es solo uno, mente y cuerpo también serían uno.
- Del mismo modo que la mente y el cuerpo se producen y desintegran, también debería afirmarse que el «yo» se produce intrínsecamente y se desintegra intrínsecamente. En ese caso, ni los efectos agradables de las acciones virtuosas ni los efectos dolorosos de las acciones no virtuosas recaerían en nosotros, o bien es-

taríamos experimentando los efectos de acciones que nosotros no hemos realizado.

Diferencia

- El «yo» y el complejo mente-cuerpo tendrían que estar completamente separados.
- En ese caso, debería poder encontrarse al «yo» después de retirar la mente y el cuerpo.
- El «yo» no tendría las características de producción, permanencia y desintegración, lo cual es absurdo.
- El «yo», absurdamente, tendría que ser solo un producto de la imaginación o permanente.
- Absurdamente, el «yo» no tendría ninguna característica física ni mental.

3. Cuando alcances cierta visión penetrante, mantenla durante la meditación estabilizadora y valora su impacto.
4. Luego, cuando la sensación disminuya, regresa a la meditación analítica para recuperar dicha sensación y desarrollar más visión penetrante.

El hecho de alternar entre la focalización en un solo tema y el análisis dirigido de este conducirá a una experiencia más profunda.

PARTE V

Cómo existen realmente las personas y las cosas

19

Vernos como una ilusión

> Como las ilusiones de un mago, los sueños y la
> luna reflejada en el agua, todos los seres y su en-
> torno carecen de existencia intrínseca.
> Pese a no existir de forma sólida, todos ellos
> parecen burbujas de agua brotando en el agua.
>
> GUNG TANG

Como resultado de nuestra investigación sobre la naturaleza del «yo» y otros fenómenos, ahora sabemos que estos parecen existir de forma intrínseca, pero comprendemos que carecen de existencia intrínseca, del mismo modo que una ilusión creada por un mago no existe como parece existir. Como dice Nagarjuna en su *La guirnalda preciosa de consejos*:

> Una forma vista desde lejos
> es vista con claridad por quienes están cerca.
> Si un espejismo fuera agua,
> ¿por qué no ven agua quienes están cerca?

La manera en que este mundo es visto
como real por quienes están lejos
no es el modo en que lo ven los que están cerca,
para quienes es insustancial, como un espejismo.

Un rostro en un espejo parece un rostro, pero dicha imagen no es, en absoluto, un rostro real; desde cualquier punto de vista, está vacío de ser un rostro. Asimismo, un mago puede crear ilusiones que parecen fenómenos auténticos, como una persona en una caja atravesada por una espada, pero no están, en absoluto, establecidos como tales. Del mismo modo, fenómenos como el cuerpo parecen establecidos por sí mismos, pero están vacíos de estar establecidos de esa forma y siempre lo han estado.

Eso no significa que los fenómenos *sean* ilusiones, sino que son *como* ilusiones. Aunque la imagen de nuestro rostro en el espejo no sea realmente nuestro rostro, el reflejo no es del todo inexistente. A través de su apariencia podemos comprender qué aspecto tiene nuestro rostro. Asimismo, aunque las personas y las cosas no existen como parecen existir, es decir, establecidas por sí mismas, no son del todo inexistentes; pueden actuar y pueden ser experimentadas. Por tanto, ser como una ilusión no es lo mismo que parecer que se existe pero sin existir en realidad, como los cuernos de un conejo, que no existen en absoluto.

REFLEXIÓN MEDITATIVA

1. Recuerda una ocasión en que confundiste el reflejo de una persona en un espejo con la persona real.
2. Parecía una persona pero en realidad no lo era.
3. Del mismo modo, todas las personas y las cosas parecen existir por sí mismas, sin depender de causas y condiciones, de sus partes o del pensamiento, pero no es así.
4. Así pues, las personas y las cosas son *como* ilusiones.

RECONOCER EL CONFLICTO ENTRE APARIENCIA Y REALIDAD

Utilizo ejemplos de ilusiones, reflejos y espejismos a fin de proporcionar una idea aproximada del conflicto entre lo que algo parece ser y lo que es realmente. Comprender que el reflejo de una cara en un espejo no es una cara no significa que se comprenda que una imagen especular está vacía de existencia intrínseca, pues aun sabiendo eso seguimos viendo erróneamente la naturaleza de una imagen especular como algo que existe de forma intrínseca. Si saber que la imagen especular de una cara está vacía de ser una cara significara comprender realmente la vacuidad, en cuanto dirigiéramos la atención a cualquier otro objeto —nuestro cuerpo, nuestro brazo, nuestra morada— también seríamos conscientes de su vacío de existencia intrínseca, y sin embargo no es así. Una vez más, eso no significa que todos *seamos* ilusiones, sino que somos *como* ilusiones.

Para verse a uno mismo o ver otros fenómenos *como* ilusiones hacen falta dos cosas: la falsa apariencia de los objetos como intrínsecamente existentes y la comprensión de que nosotros o eso que contemplamos no existe de ese modo. Dada nuestra experiencia en la meditación de buscar y no encontrar esta cualidad de independencia (aunque después de la meditación siga pareciendo que los fenómenos existen de forma intrínseca), el poder de nuestra anterior comprensión abre el camino para reconocer que tales fenómenos son ilusorios en el sentido de que, pese a parecer que existen de forma intrínseca, no es así. Como dijo Buda: «Todas las cosas poseen el atributo de la falsedad, del engaño».

Existen muchas discrepancias entre cómo las cosas aparecen y cómo son realmente. Lo no permanente puede parecer permanente. Asimismo, fuentes de dolor, como el comer en exceso, parecen a veces fuentes de placer, pero en última instancia no lo son. Lo que finalmente conduce al sufrimiento no se percibe como lo que es en realidad, sino que se interpreta como una vía hacia la felicidad. Pese a desear felicidad, la ignorancia hace que no sepamos cómo alcanzarla; pese a no desear dolor, al interpretar erróneamente eso que lo causa trabajamos para conseguir las causas mismas del dolor.

Los ojos de quienes asisten a un espectáculo de magia están afectados por los trucos del mago, y a través de ese engaño el público cree ver caballos, elefantes y demás. De forma similar, al aceptar la apariencia de existencia intrínseca exageramos la condición de bueno o malo de los fenómenos y, por consiguiente, somos arrastrados hacia el deseo y el odio y hacia acciones que acumulan karma. Lo que no es un «yo» de existencia intrínseca parece un «yo» de existencia intrínseca, y aceptamos esa apariencia sin más cuestionamientos.

Cómo ayuda esta visión

Ver las personas y las cosas como ilusiones ayuda a reducir las emociones desfavorables, porque el deseo, el odio y demás emociones aparecen al atribuir a los fenómenos más cualidades —buenas y malas— de las que en realidad tienen. Por ejemplo, cuando nos enfadamos mucho con una persona sentimos que esa persona es horrible, pero más tarde, cuando nos calmamos y la miramos de nuevo, puede que nuestra anterior percepción nos parezca ridícula.

La visión penetrante impide que atribuyamos a los objetos cualidades positivas o negativas que exceden lo que es real. Esta reducción del autoengaño permite disminuir el deseo y el odio y, con el tiempo, ponerles fin, pues tales emociones se basan en la exageración. La eliminación de las emociones malsanas deja, a su vez, un mayor espacio para desarrollar virtudes y emociones sanas. Al ver los fenómenos con visión penetrante, los trasladamos a la esfera de la práctica de la vacuidad.

Cuando practiques la expansión del amor y la compasión, ten presente que el amor y la compasión, así como las personas a las que van dirigidos, son como las ilusiones de un mago en el sentido de que parecen existir sólidamente por sí mismos, cuando en realidad no es así. Si los ves como fenómenos que existen de forma intrínseca, dicha visión te impedirá desarrollar plenamente el amor y la compasión. En lugar de eso, has de verlos como ilusiones que existen de una manera pero parecen existir de otra. Esta perspectiva aumentará tu percepción de la vacuidad y de emociones sanas como el amor y la compasión, lo cual te permitirá emprender actividades compasivas efectivas.

REFLEXIÓN MEDITATIVA

1. Como hiciste anteriormente, trae a la mente el objetivo de tu razonamiento, el «yo» intrínsecamente establecido, recordando o imaginando una ocasión en que creíste firmemente en él.

2. Repara en la ignorancia que atribuye una existencia intrínseca y reconócela.

3. Concéntrate en observar que, si ese establecimiento intrínseco existiera, el «yo» y el complejo mente-cuerpo tendrían que ser lo mismo o diferentes.

4. Observa detenidamente lo absurdo de afirmar que el «yo» y el complejo mente-cuerpo son lo mismo o diferentes, viendo y sintiendo la imposibilidad de las siguientes afirmaciones:

UNIDAD

- El «yo» y el complejo mente y cuerpo tendrían que ser absolutamente y en todos los sentidos uno.
- En ese caso, reivindicar un «yo» no tendría sentido.

- Sería imposible pensar en «mi cuerpo» o «mi cabeza» o «mi mente».
- Cuando la mente y el cuerpo dejaran de existir, el «yo» también dejaría de existir.
- Puesto que mente y cuerpo son plurales, el «yo» de una persona también sería plural.
- Puesto que el «yo» es solo uno, mente y cuerpo también serían uno.
- Del mismo modo que la mente y el cuerpo se producen y desintegran, también debería afirmarse que el «yo» se produce intrínsecamente y se desintegra intrínsecamente. En ese caso, ni los efectos agradables de las acciones virtuosas ni los efectos dolorosos de las acciones no virtuosas recaerían en nosotros, o bien estaríamos experimentando los efectos de acciones que nosotros no hemos realizado.

Diferencia

- El «yo» y el complejo mente-cuerpo tendrían que estar completamente separados.
- En ese caso, deberíamos poder encontrar al «yo» después de retirar la mente y el cuerpo.
- El «yo» no tendría las características de producción, permanencia y desintegración, lo cual es absurdo.
- El «yo», absurdamente, tendría que ser solo un producto de la imaginación o permanente.
- Absurdamente, el «yo» no tendría ninguna característica física ni mental.

5. Al no encontrar un «yo», concluye con firmeza: «Ni yo ni ninguna otra persona se establece de forma intrínseca».

6. Permanece durante un rato asimilando el significado de la vacuidad, concentrándote en la ausencia de establecimiento intrínseco.

7. A continuación, deja que las apariencias de la gente afloren de nuevo en tu mente.

8. Reflexiona sobre el hecho de que, dentro del contexto del origen dependiente, la gente también lleva a cabo acciones y, por tanto, acumula karma y experimenta los efectos de esas acciones.

9. Determina el hecho de que la apariencia de las personas es efectiva y posible dentro de la ausencia de existencia intrínseca.

10. Cuando efectividad y vacuidad parezcan ser contradictorias, utiliza el ejemplo de una imagen especular:

- La aparición de la imagen de un rostro depende, innegablemente, de un rostro y un espejo; aun cuando dicha imagen esté vacía de ojos, orejas y todo lo demás, parece poseerlos, y la imagen de un rostro desaparece innegablemente cuando el rostro o el espejo se ausentan.

- De igual manera, aunque una persona no tenga ni una pizca de establecimiento intrínseco, no es una contradicción que una persona desarrolle acciones, acumule karma, experimente efectos y nazca con de-

pendencia del karma y de algunas emociones destructivas.

11. Trata de ver la ausencia de contradicción entre efectividad y vacuidad con respecto a todas las personas y
cosas.

20

Percibir que todo depende del pensamiento

Aquí, ni las hermosas y variadas flores ni las bellas y doradas mansiones tienen un creador que existe intrínsecamente.

Se establecen por el poder del pensamiento.

Por el poder de la conceptualidad se establece el mundo.

BUDA

Una vez que te hayas hecho una idea aproximada de lo que significa depender del pensamiento, debes preguntarte si, por lo general, te parece o no que las personas y las cosas existen de esa forma. Cuando las emociones nos afectan a un nivel sutil, es difícil reconocer de qué manera nos aferramos a ellas. Por lo tanto, piensa en una ocasión en que sentiste un odio o un deseo intenso. La persona o cosa odiada o deseada te parecía sumamente sólida, incluso del todo inalterable, ¿verdad? Si lo meditas detenidamente, te darás cuenta de que no puedes afirmar que ya ves los fenómenos como entidades dependientes del pensamiento. Encontrarás que parecen existir por sí mismos.

Cuando tenía treinta y cinco años aproximadamente, estaba reflexionando sobre el significado de un pasaje de Tsongkhapa sobre la imposibilidad de encontrar el «yo» dentro del complejo mente-cuerpo o separado de este y cómo el «yo» depende de la conceptualidad para existir. He aquí el pasaje:

> La forma y el color moteado de una cuerda enroscada se asemejan a los de una serpiente, y si esta cuerda se contempla en un lugar poco iluminado surge el pensamiento: «Esto es una serpiente». No obstante, en ese momento en que se ve la cuerda como una serpiente, ni el conjunto ni las partes de la cuerda son en absoluto una serpiente. Por tanto, la serpiente se establece meramente por medio de la conceptualidad. Asimismo, cuando el pensamiento «yo» surge con dependencia de la mente y el cuerpo, nada dentro de la mente y el cuerpo —ni el conjunto formado por el continuo de momentos anteriores y posteriores, ni el conjunto de las partes en un momento dado, ni las partes por separado, ni el continuo de cada parte por separado— es en absoluto el «yo». Además, no hay absolutamente nada que sea una entidad distinta de la mente y el cuerpo y que pueda ser percibida como el «yo». Por consiguiente, el «yo» es meramente establecido por la conceptualidad y con dependencia de la mente y el cuerpo; no se establece por medio de una entidad propia.

De repente, fue como si un rayo me atravesara el pecho. Estaba tan atemorizado que durante las siguientes semanas cada persona que veía me parecía la ilusión de un mago, en el sentido de que parecía existir de forma intrínseca pero yo sabía que en realidad no era así. Fue entonces cuando empecé a comprender que, verdaderamente, es posible detener el proceso de crear emociones destructivas no aceptando más la forma en que el «yo» y los demás fenómenos parecen existir. Cada mañana medito sobre la vacuidad y recuerdo esa experiencia para trasladarla a las actividades del día. El solo hecho de pensar o decir «yo», como en «Yo haré tal y tal cosa», dispara ese sentimiento. Así y todo, no puedo afirmar que comprenda plenamente la vacuidad.

El significado de ser establecido por la conceptualidad

Al principio, unas flores bonitas o una casa maravillosa parecen existir en sí mismas y por sí mismas, más allá de la conciencia, pero al final nada es capaz de confirmar esa existencia; en realidad, su origen está en la percepción de la mente. Es el caso para todos los fenómenos. Cuando los buscamos, no podemos encontrarlos existiendo por sí mismos, a pesar de que las apariencias digan lo contrario.

Si existen es porque pueden ser una ayuda o un perjuicio, los cuales dependen de la conciencia. Nunca existieron, nunca existen y nunca existirán por sí mismos, por derecho propio. Existen por el poder de la mente, por el poder de las convenciones.

En el pasaje citado al comienzo de este capítulo, Buda dice que el mundo entero depende del pensamiento conceptual.

Asimismo, las *Cuatrocientas estrofas de las acciones yóguicas de los bodhisattvas* de Aryadeva dicen:

> Dado que el deseo y demás
> no existen sin conceptualidad,
> ¿qué ser inteligente sostendría
> que estos son objetos reales y al mismo tiempo conceptuales?

El comentario de Chandrakirti sobre esa estrofa indica que los fenómenos existen únicamente en presencia del pensamiento conceptual:

> Aquello que existe solo cuando existe conceptualidad y no existe cuando no existe conceptualidad, decididamente no se establece por su propia naturaleza, como una serpiente imaginada en una cuerda enroscada.

Explorar el significado

¿Cómo comprender la insistencia de los grandes indios y tibetanos sobre la importancia del pensamiento conceptual? Sería sumamente incómodo sostener que, antes de que cada objeto aparezca ante nuestra vista, hemos de tener un pensamiento que lo construya justo en ese momento. Por muy rápido que opere el pensamiento, no habría tiempo suficiente para generar todos los pensamientos que se necesitarían en un momento concreto de percepción visual.

Ciertamente, los objetos externos forman parte del proceso de adquirir conciencia de ellos, como en el caso de ver un árbol y su entorno, pero si la dependencia con respecto al pensamiento significara que necesitamos un pensamiento conceptual para construir todo aquello que vemos, sería absurdo. Por tanto, a mí me parece que el hecho de que el mundo se establezca por medio del pensamiento conceptual significa que, sin depender de una conciencia, los objetos no pueden establecer su existencia por sí mismos. Desde esta perspectiva se dice que el mundo —todos los fenómenos, tanto personas como cosas— es establecido por el pensamiento conceptual.

Por ejemplo, es evidente que los efectos dependen de las causas, pero también las causas dependen sutilmente de los efectos. Cada causa es un efecto de sus propias causas, las cuales la precedieron; por tanto, la causa se origina dependiendo de sus causas. Todos los sistemas budistas afirman que los efectos se originan dependiendo de causas. Aquí, causa y efecto se hallan en una secuencia temporal, o sea, el efecto se produce después de su causa. Esto es un origen dependiente en el sentido de *producción dependiente*.

Únicamente la perspectiva filosófica más elevada del budismo contiene una reflexión adicional, esto es, que dado que la designación de algo como «causa» depende de la consideración de su efecto, en ese sentido una causa *depende* de su efecto. Una causa no es una causa por sí misma; se la llama «causa» en relación con su efecto. Aquí, el efecto no se produce antes de la causa y la causa no se genera después del efecto; es al pensar en su efecto futuro que la llamamos causa. Esto es un origen dependiente en el sentido de *designación dependiente*.

Como dice Nagarjuna en sus *Fundamentos del Camino Medio*:

> Un hacedor depende de un hecho,
> y un hecho depende, para existir, de un hacedor.
> Aparte del origen dependiente, no vemos
> otra causa para su establecimiento.

Agente y acción son mutuamente dependientes. Una acción se postula dependiendo de un agente y un agente se postula dependiendo de una acción. Una acción se origina dependiendo de un agente y un agente se origina dependiendo de una acción. Sin embargo, no están relacionados de la misma forma que una causa y un efecto, pues uno no se produce antes que el otro.

¿Por qué, en general, las cosas son relativas? ¿Por qué una causa está relacionada con su efecto? Porque no se establece en sí misma y por sí misma. De ser así, una causa no necesitaría depender de su efecto. Pero no existen las causas autosuficientes, de ahí que cuando examinamos analíticamente una causa no encontramos nada que sea por sí mismo, pese a la apariencia, para nuestra mente ordinaria, de que cada cosa tiene su propio ser contenido en sí misma. Dado que las cosas se hallan bajo la influencia de algo distinto de ellas, la designación de algo como causa depende necesariamente de la consideración de su efecto. Esta es la forma en que llegamos a comprender que esta percepción más sutil del origen dependiente como designación dependiente es correcta.

Hace poco, estando en el sur de la India después de un peregrinaje al monte Shri Parvata, donde Nagarjuna vivió hacia el final de sus días, inicié a un vasto público en una tradición budista llamada Kalachakra (Rueda del Tiempo). Durante la iniciación, expliqué la *Alabanza al origen dependiente* de Tsongkhapa junto con los *Fundamentos del Camino Medio* de Nagarjuna. Cuando llegué al momento en que Tsongkhapa declara:

> Cuando Buda dijo «Todo lo que depende de condiciones
> está vacío de una existencia intrínseca propia»,
> ¿qué hay más increíble
> que este maravilloso consejo?

Pensé: «¡Qué razón tiene!». Lo que estaba pensando es esto: quizá hay animales que conocen el origen dependiente de las causas y los efectos; pero, para nosotros los humanos, el origen dependiente de las causas y los efectos es innegable. Pero, yendo aún más lejos, el origen dependiente de las causas y los efectos se produce por la designación dependiente, la cual indica que la causa y el efecto carecen de una existencia propia; si tuvieran una existencia propia, no tendrían que ser designadas dependientemente. Como dice Buddhapalita, seguidor de Nagarjuna, en su comentario sobre el capítulo veintidós de los *Fundamentos del Camino Medio*:

Si algo existiera por medio de su propia entidad, ¿qué necesidad habría de postularlo con dependencia de otra cosa?

Efectivamente, si una cosa existiera por sí misma, con eso bastaría. Podríamos decir «es esto», sin necesidad de relacionarlo con nada. Dado que no está establecida por sí misma, no hay más opción que postularla en relación con otra cosa. Yo siempre he encontrado muy útil esta idea.

De igual modo, Tsongkhapa dice en sus *Tres aspectos principales del camino*:

> Cuando se comprende que el origen dependiente y la vacuidad
>   existen simultáneamente, sin alternancia,
> el conocimiento definitivo destruye por completo la percepción
>   de la existencia intrínseca.
> solo al ver el origen dependiente como incontrovertible.
> En ese momento el análisis de la visión de la realidad concluye.

Reflexionar sobre el entramado dependiente que hay en el centro del origen dependiente de las causas y los efectos permite comprender que los fenómenos son meramente nominales, meramente atribuidos, y solo eso. Una vez que se comprende que la simple atribución debilita el concepto de que los fenómenos existen en sí mismos y por sí mismos, la labor de entender la visión budista de la realidad ha concluido. Confío en que el lector esté aproximándose a ese momento.

Si comprendemos que esos objetos, independientemente de cómo aparezcan para nuestros sentidos o nuestra mente pensante, se establecen dependiendo del pensamiento, superamos la creencia de que los fenómenos existen por derecho propio. Comprendemos que no es cierto que se establecen por sí mismos. Comprendemos la vacuidad, la ausencia de existencia intrínseca, a la que se suma la proliferación de problemas generados por el hecho de ver los fenómenos como entidades que existen por sí mismas, y ello proporciona la medicina para poner fin al engaño.

REFLEXIÓN MEDITATIVA

1. Remóntate a una ocasión en que estuvieras lleno de odio o deseo.
2. ¿No te parece que la persona odiada o deseada es sumamente sólida, sumamente concreta?
3. Siendo así, es imposible que puedas afirmar que ya ves los fenómenos como algo que depende del pensamiento.
4. Los ves como entidades que existen por sí mismas.
5. Recuerda que es necesario meditar con frecuencia sobre la vacuidad para rebatir la falsa apariencia de los fenómenos.

ESTA COMPRENSIÓN AYUDA A RECONOCER LA EXISTENCIA INTRÍNSECA

Todos los sistemas budistas afirman que la existencia y la inexistencia están determinadas por un conocimiento válido. Visto así, el objeto y el sujeto parecen tener el mismo poder. El sistema budista más elevado, llamado Escuela de la Vía Media, y dentro de esta la Escuela de la Consecuencia, va aún más lejos al afirmar que no es que una conciencia válida encuentre cosas que existen por sí mismas, sino más bien que esas cosas dependen de ser establecidas por el pensamiento conceptual. Nada puede existir a menos que sea establecido por la conceptualidad. Todo se ve como algo que depende de la mente; la mente es la que autoriza.

Por eso las escrituras budistas dicen que el «yo» y otros fenómenos existen solo por el poder del pensamiento conceptual. Aunque el «yo» se establece dependiendo de la mente y el cuerpo, la mente y el cuerpo no son el «yo», ni el «yo» es la mente y el cuerpo. No hay nada en la mente y el cuerpo (de los que depende el «yo» para establecerse) que sea el «yo». Por consiguiente, el «yo» depende del pensamiento conceptual. El «yo» y todos los demás fenómenos los establece únicamente la mente. Una vez que comprendemos esto, nos hacemos una ligera idea de que las personas no existen en sí mismas y por sí mismas y que solo se establecen dependientemente. Y, cuando vemos que los fenómenos normalmente no parecen estar bajo la influencia de la conceptualidad sino que parecen existir por sí mismos, pensamos: «¡Ah! He ahí lo que se refuta».

REFLEXIÓN MEDITATIVA

Considera lo siguiente:

1. El «yo» se establece con dependencia de la mente y el cuerpo.

2. Sin embargo, la mente y el cuerpo no son el «yo», ni el «yo» es la mente y el cuerpo.

3. Por tanto, el «yo» depende del pensamiento conceptual, establecido por la mente.

4. El hecho de que el «yo» dependa del pensamiento implica que el «yo» no existe en sí mismo y por sí mismo.

5. Ahora observa que tienes un visión más clara de lo que significa que algo exista en sí mismo y por sí mismo, de la existencia intrínseca que la percepción de la vacuidad pretende refutar.

PARTE VI

Intensificar el amor
con la visión penetrante

21

Sentir empatía

> Bienvenida sea la preocupación afectuosa por los seres que transmigran, impotentes, cual cubo que sube y desciende por un pozo, por exagerar primero el propio ser, el «yo», y generar luego apego a las cosas: «Esto es mío».
>
> CHANDRAKIRTI, *Suplemento*

Aunque al principio se precisa una voluntad fuerte para desarrollar el amor y la compasión, la voluntad no basta para desarrollar ilimitadamente estas actitudes altruistas. Es importante unir a la práctica del amor y la compasión la práctica de la visión penetrante. Aunque deseemos ayudar a alguien porque nos preocupa, sin visión penetrante no podremos percibir con claridad qué beneficio resultará de nuestros esfuerzos. Se necesita la combinación de un buen corazón humano y un buen cerebro humano. Con estas dos cosas funcionando juntas, podemos conseguir mucho.

Metáfora en la que meditar

En el párrafo citado al comienzo de este capítulo, Chandrakirti muestra de qué modo la visión penetrante puede intensificar el amor al comprender el proceso que nos lleva al sufrimiento. Chandrakirti compara este proceso con un cubo que sube y baja por un pozo. ¿En qué se parecen los seres que nacen una y otra vez a un cubo en un pozo? Las similitudes son seis:

1. Del mismo modo que el cubo está sujeto a una cuerda, también los seres están limitados por las emociones contraproducentes y por las acciones derivadas de ellas.

2. Del mismo modo que el movimiento ascendente y descendente del cubo por el pozo lo dirige un operario, el proceso de la existencia cíclica lo dirige una mente indómita, mediante la errónea creencia de que el «yo» existe de forma intrínseca, a lo que sigue la errónea interpretación de la naturaleza de lo «mío».

3. Del mismo modo que el cubo sube y baja por el pozo una y otra vez, los seres sensibles vagan sin cesar por el gran pozo de la existencia cíclica, desde los estados más elevados de felicidad transitoria hasta los estados más bajos de sufrimiento transitorio.

4. Del mismo modo que subir el cubo requiere mucho esfuerzo pero bajarlo resulta fácil, los seres han de hacer mucho esfuerzo para impulsarse hacia arriba, a una

vida más feliz, pero descienden fácilmente a situaciones dolorosas.

5. Del mismo modo que el cubo no decide sus movimientos, los factores que moldean la vida de una persona son fruto de la ignorancia, el apego y la codicia del pasado; en el presente, esos mismos factores siguen creando problemas para nuestras vidas futuras, como olas en un océano.

6. Del mismo modo que el cubo rebota en las paredes del pozo cuando sube y baja, los seres sensibles reciben golpes diariamente por el sufrimiento causado por el dolor y el cambio, y por estar atrapados en procesos que están fuera de su control.

A través de este símil, Chandrakirti nos ayuda a comprender detalladamente el proceso que rige la existencia cíclica.

En primer lugar, aplícate a ti mismo esta información sobre la existencia cíclica para que puedas comprender tu propia situación y desarrollar la sólida intención de trascender la dinámica de los problemas recurrentes. Si tu mente no se ha visto afectada por pensar sobre la forma en que vagas en un ciclo incontrolado de autodestrucción, cuando reflexiones sobre el proceso de sufrimiento en otros seres sensibles, no encontrarás su sufrimiento lo suficientemente insoportable para sentir la necesidad de ayudarlos a salir de esta ciénaga.

REFLEXIÓN MEDITATIVA

Considera lo siguiente:

1. Del mismo modo que un cubo está sujeto a una cuerda, también yo estoy limitado por las emociones contraproducentes y por las acciones derivadas de ellas.

2. Del mismo modo que el movimiento ascendente y descendente del cubo por el pozo lo dirige un operario, el proceso de mi existencia cíclica lo dirige mi mente indómita por creer erróneamente que yo existo de forma intrínseca y que lo «mío» existe de forma intrínseca.

3. Del mismo modo que el cubo sube y baja por el pozo una y otra vez, yo vago sin cesar por el gran pozo de la existencia cíclica, desde los estados más elevados de felicidad transitoria hasta los estados más bajos de sufrimiento transitorio.

4. Del mismo modo que subir un cubo requiere mucho esfuerzo pero resulta fácil bajarlo, yo he de hacer mucho esfuerzo para impulsarme hacia arriba, a una vida más feliz, pero desciendo fácilmente a situaciones dolorosas.

5. Del mismo modo que un cubo no decide sus propios movimientos, los factores que moldean mi vida son también fruto de la ignorancia, el apego y la codicia en el pasado; en el presente, esos mismos factores siguen creando problemas para mis vidas futuras, como olas en un océano.

6. Del mismo modo que el cubo rebota en las paredes del pozo cuando sube y baja, yo recibo golpes diariamente

por el sufrimiento causado por el dolor y el cambio,
y por estar atrapado en procesos que se hallan fuera de
mi control.

7. Por lo tanto, desde lo más hondo de mi corazón debería intentar salir de esta rueda cíclica de sufrimiento.

Extender esta percepción a los demás

Una vez reconocidos los mecanismos del sufrimiento en nuestro contexto personal, podemos extender esta percepción a otros seres sensibles que padecen iguales sufrimientos. No obstante, para que nuestra respuesta sea de amor y compasión no basta con saber cómo sufren otros seres; también hemos de experimentar un sentimiento de unión con ellos. De lo contrario, cuanto más sepamos acerca del sufrimiento de nuestros enemigos, ¡existe el riesgo de que más felices seamos! Como dice Tsongkhapa:

> En el mundo, cuando vemos el sufrimiento en un enemigo, no solo no nos resulta insoportable, sino que nos deleitamos en él. Cuando sufren personas que no nos han ayudado ni perjudicado, en la mayoría de los casos no prestamos atención a su situación. Esta reacción se debe a que no tenemos un sentimiento de unión con esas personas. Pero cuando vemos sufrir a un amigo, su sufrimiento se nos hace insoportable [en el sentido de que queremos hacer algo al respecto] y el grado de insoportabilidad es mayor cuanto mayor es nuestro sentimiento de unión con él. Por consiguiente, es muy importante

desarrollar un sentimiento de profundo afecto por los seres sensibles.

La compasión y el amor verdaderos nacen del respeto a los demás. Este sentimiento de empatía se alcanza reconociendo que nosotros y todos los demás seres —ya sean amigos, enemigos o partes neutrales— compartimos una aspiración fundamental, que es la de querer felicidad y no querer sufrimiento, aun cuando veamos la felicidad y el sufrimiento de maneras diferentes. También se alcanza siendo consciente de que, a lo largo de incontables vidas, todo el mundo en algún momento ha sido nuestra madre y nuestro mejor amigo. (Explico detalladamente estos aspectos en *How to Expand Love*.)

Conseguido este sentimiento esencial de unión e intimidad con todo el mundo, la visión penetrante de cómo los seres vivos vagan impotentes en la existencia cíclica ayuda a intensificar el amor y la compasión. Si hay intimidad y comprensión, el amor, la compasión y el deseo de ayudar a otros surgen sin esfuerzo.

REFLEXIÓN MEDITATIVA

Piensa en un amigo y cultiva tres niveles de amor:

1. Esta persona desea felicidad pero carece de ella. ¡Sería maravilloso que pudiera imbuirse de felicidad y de todas las causas para ser feliz!

2. Esta persona desea felicidad pero carece de ella. ¡Ojalá pueda imbuirse de felicidad y de todas las causas para ser feliz!

3. Esta persona desea felicidad pero carece de ella. ¡Haré cuanto esté en mi mano para ayudarla a imbuirse de felicidad y de todas las causas para ser feliz!

Ahora cultiva tres niveles de compasión:

1. Esta persona quiere ser feliz y no quiere sufrir, y sin embargo está terriblemente afligida. ¡Si al menos pudiera liberarse del sufrimiento y de las causas del sufrimiento!

2. Esta persona quiere ser feliz y no quiere sufrir, y sin embargo está terriblemente afligida. ¡Ojalá pueda liberarse del sufrimiento y de las causas del sufrimiento!

3. Esta persona quiere ser feliz y no quiere sufrir, y sin embargo está terriblemente afligida. ¡Ayudaré a esta persona a liberarse del sufrimiento y de todas las causas del sufrimiento!

Ahora cultiva el compromiso pleno:

1. La existencia cíclica es un proceso regido por la ignorancia.

2. Por tanto, es realista que trabaje para alcanzar la iluminación y para ayudar a los demás a hacer lo mismo.

3. Aun cuando tenga que hacerlo solo, liberaré a todos los seres sensibles del sufrimiento y de las causas del sufrimiento, e imbuiré a todos los seres sensibles de felicidad y de sus causas.

Una a una, piensa en diferentes personas —primero amigos, luego personas neutrales y luego enemigos, comenzando por el menos ofensivo— y repite estas reflexiones con respecto a ellas. Te llevará meses y años, pero el beneficio de esta práctica es inmenso.

22

Reflexionar sobre la falta de permanencia

En el Tíbet había practicantes en retiro que
con tal ahínco reflexionaban sobre falta de
impermanencia que no lavaban sus platos
después de cenar.

PALTRUL RINPOCHÉ, *Palabras sagradas*

En este capítulo explicaré la falta de permanencia, el primero
de dos niveles más profundos de visión penetrante sobre el
proceso de la existencia cíclica. El segundo, la vacuidad, será
tratado en el siguiente capítulo.

METÁFORA SOBRE LA FALTA DE PERMANENCIA

Un reflejo de luna brilla en la superficie de un lago rizada por
la brisa. Un enorme río de ignorancia que cree erróneamente
que el complejo mente-cuerpo existe de forma intrínseca de-
semboca en el lago de un «yo» al que se le atribuye erróneamente una existencia intrínseca. El lago mismo está agitado

por los vientos de un pensamiento contraproducente y de acciones sanas y malsanas. El reflejo de la luna simboliza tanto el nivel burdo de la falta de permanencia, fruto de la muerte, como el nivel sutil de la falta de permanencia, fruto de la desintegración momento a momento que gobierna a los seres vivos. El brillo en las rizadas ondas ilustra la falta de permanencia a la que están sujetos los seres sensibles, y es preciso ver a los seres sensibles de ese modo. Al reflexionar sobre esta metáfora, podemos llegar a percibir que los seres son innecesariamente arrastrados hacia el sufrimiento por no estar en sintonía con su propia naturaleza; esta percepción, a su vez, estimula el amor y la compasión.

Tomar conciencia de la falta de permanencia

Estamos bajo la influencia de una ilusión de permanencia, de modo que siempre pensamos que nos queda mucho tiempo. Como consecuencia de esta creencia errónea, corremos el peligro de malgastar nuestra vida por postergar las cosas, lo cual representa un serio despilfarro si tenemos en cuenta que nuestra vida goza del tiempo y las herramientas necesarias para realizar prácticas productivas. Para contrarrestar esta tendencia, es importante meditar sobre la falta de permanencia: primero sobre el hecho de que la muerte podría llegar en cualquier momento, y luego sobre la naturaleza sumamente transitoria de nuestras vidas.

Una de las principales razones de que aparezcan el deseo

y el odio es que estamos demasiado apegados al río de la vida. Tenemos la sensación de que este durará siempre, y esa actitud nos lleva a obsesionarnos con superficialidades: bienes materiales, y amigos y situaciones transitorios. Para superar esta ignorancia es preciso reflexionar sobre el hecho de que llegará un día en que ya no estaremos aquí.

Aunque no existe la certeza de que vayamos a morir esta noche, cuando cultivamos la conciencia de la muerte nos damos cuenta de que *podríamos* morir esta noche. Con esta actitud, si hay algo que podamos hacer que ayude en esta vida y también en la siguiente, será para nosotros prioritario frente a algo que ayude solo en esta vida de una forma superficial. Más aún, al no contar con la certeza de cuándo ha de llegarnos la muerte, nos guardaremos de hacer algo que pueda perjudicar nuestra vida presente y nuestras vidas futuras. Nos sentimos motivados a desarrollar actitudes que actúen como antídotos contra las diferentes formas de mente indómita. Entonces, ya vivamos un día, una semana, un mes o un año, ese tiempo será significativo porque basaremos nuestros pensamientos y acciones en el beneficio a largo plazo. Por el contrario, cuando nos hallamos bajo la influencia de la ilusión de permanencia e invertimos nuestro tiempo en asuntos que no van más allá de la superficie de esta vida, sufrimos una gran pérdida.

El hecho de que las cosas cambien instante tras instante crea la posibilidad de un desarrollo positivo. Si las situaciones no cambiaran, mantendrían para siempre su aspecto de sufrimiento. Una vez que comprendemos que las cosas se hallan en continuo cambio, cuando pasamos por un período difícil podemos encontrar consuelo en saber que la situación no será así siempre.

Es parte de la naturaleza de la existencia cíclica que lo que se ha congregado —padres, hijos, hermanos, hermanas y amigos— al final se disperse. Por mucho que dos amigos congenien, al final tendrán que separarse. Gurús y estudiantes, padres e hijos, hermanos y hermanas, maridos y esposas, y amigos íntimos deben al final separarse. Además de separarnos de todos nuestros amigos, toda la riqueza y los recursos que hemos acumulado se volverán al final inutilizables, por maravillosos que sean; la brevedad de esta vida presente nos obligará a dejar toda nuestra riqueza atrás. El filósofo y yogui indio Shantideva habla con gran elocuencia de la falta de permanencia al decir que, por muy maravillosa que llegue a ser nuestra vida presente, es como soñar con el placer y luego despertarse, y nada queda salvo el recuerdo. Como dice Buda en el *Sutra del cortador de diamante*:

> Contempla las cosas compuestas de causas
> como si fueran estrellas centelleantes, fantasías divisadas con
>   ojos enfermos,
> como la luz parpadeante de un quinqué, como ilusiones
>   mágicas,
> rocío, burbujas, sueños, relámpagos y nubes.

Cuando me dispongo a dar una conferencia ante un público extenso que me mira esperando sabiduría y conocimiento, me repito esas frases sobre la fragilidad de todas las cosas y luego chasqueo los dedos, un breve sonido que simboliza la falta de permanencia. Así es como me recuerdo que no tardaré en descender de mi posición actual. Todo ser vivo —independientemente del tiempo que viva— al final ha de morir. No hay otro camino. Una vez que moramos en la existencia cíclica, no podemos vivir fuera de su naturaleza. Por muy bien que nos vayan las cosas, es parte de su naturaleza que tanto ellas como nosotros al final nos deterioremos. Como dijo Buda: «Daos cuenta de que el cuerpo carece tanto de permanencia como una vasija de barro».

La buena fortuna no es permanente; por consiguiente, es peligroso aferrarse demasiado a que las cosas nos vayan bien. Toda visión de permanencia es destructiva. Cuando el presente se convierte en nuestra preocupación, el futuro no importa, lo que debilita nuestra motivación para dedicarnos a prácticas compasivas destinadas a la futura iluminación de otros. Por el contrario, la visión de la falta de permanencia proporciona la motivación adecuada.

No solo hemos de morirnos algún día sino que ignoramos cuándo ha de llegarnos el final. Debemos hacer lo necesario para que, incluso si morimos esta noche, no tengamos de qué lamentarnos. Si nos hacemos más conscientes de la inminencia de la muerte, sentimos con más fuerza la importancia de utilizar el tiempo sabiamente. Como dice Nagarjuna en su *La guirnalda preciosa de consejos*:

> Vives en medio de las causas de la muerte
> como una lámpara en medio de la brisa.

Habiendo abandonado todas tus posesiones,
al morir, impotente, has de ir a otro lado,
pero todo lo que hayas empleado en la práctica espiritual
te precederá como buen karma.

Si tenemos presente la rapidez con que esta vida desaparece, valoramos más el tiempo y hacemos lo que sea más útil. Si percibimos intensamente la inminencia de la muerte, sentimos la necesidad de dedicarnos a la práctica espiritual para mejorar nuestra mente, y dejamos de malgastar el tiempo en distracciones que van desde comer y beber a conversaciones interminables sobre guerras, idilios y chismorreos.

Para la persona que no puede siquiera hacer frente a la palabra *muerte*, por real que sea, probablemente la llegada de esta le producirá gran desasosiego y temor. Pero quienes están acostumbrados a reflexionar sobre la inminencia de la muerte están preparados para recibir la muerte sin lamentarlo. Reflexionar sobre la incertidumbre de la llegada de la muerte desarrolla una mente serena, disciplinada y virtuosa, porque está pensando en algo más que en las cosas superficiales de esta corta vida.

Todos compartimos una existencia marcada por el sufrimiento y la falta de permanencia. Una vez que reconocemos lo mucho que tenemos en común, comprendemos que es absurdo que nos peleemos. Piensa en un grupo de presos que van a ser ejecutados. Al cabo de su convivencia en la cárcel, todos encontrarán su final. No tiene sentido que se peleen durante los días que les quedan. Al igual que esos prisioneros, todos nosotros estamos unidos por el sufrimiento y la falta de permanencia. Así las cosas, no existe razón alguna para luchar unos con otros o malgastar toda nuestra energía, mental y física, acumulando dinero y bienes.

REFLEXIÓN MEDITATIVA

Considera esto en profundidad:

1. Es indudable que moriré. La muerte no puede evitarse. La vida se me acaba y no puedo alargarla.

2. Cuándo moriré es algo indeterminado. La duración de la vida entre los humanos varía. Las causas de muerte son muchas y las causas de vida, en comparación, pocas. El cuerpo es frágil.

3. Al morir, nada me ayudará salvo mi actitud transformada. Los amigos no podrán ayudarme. Mis bienes no me servirán de nada, y tampoco mi cuerpo.

4. Todos estamos en esta situación arriesgada, de modo que no tiene sentido discutir, pelearse y malgastar toda nuestra energía mental y física acumulando dinero y bienes.

5. Debería practicar ahora el reducir mi apego a los caprichos pasajeros.

6. Desde lo más hondo de mi corazón, debería intentar superar este ciclo de sufrimiento generado por percibir erróneamente lo no permanente como permanente.

Falta de impermanencia sutil

Las sustancias que forman los objetos a nuestro alrededor se desintegran momento a momento; la conciencia interna con que observamos tales objetos externos también se desintegra momento a momento. He ahí la naturaleza de la falta de permanencia sutil. Los físicos de partículas no dan por sentada la apariencia de un objeto sólido, como por ejemplo una mesa, sino que examinan los cambios que se producen en sus elementos más pequeños.

La felicidad ordinaria es como el rocío en la punta de una brizna de hierba: desaparece rápidamente. El hecho de que desaparezca demuestra que no es permanente y que se halla bajo el control de otras fuerzas, causas y condiciones. También indica que es imposible conseguir que todo esté bien; hagamos lo que hagamos dentro del marco de la existencia cíclica, no podemos superar las fronteras del sufrimiento. Cuando vemos que la verdadera naturaleza de las cosas es la falta de permanencia, no nos impactan los cambios que sobrevienen, ni siquiera la muerte.

REFLEXIÓN MEDITATIVA

Considera lo siguiente:

1. Mi mente, mi cuerpo, mis bienes y mi vida no son permanentes porque obedecen a causas y condiciones.
2. Las mismas causas que producen mi mente, mi cuerpo, mis posesiones y mi vida también hacen que todo ello se desintegre momento a momento.

3. El hecho de que las cosas carezcan de una naturaleza permanente indica que no funcionan por sí mismas, sino bajo una influencia externa.

4. Al percibir erróneamente como algo constante eso que se desintegra momento a momento, me genero sufrimiento y genero sufrimiento a los demás.

5. Desde lo más hondo de mi corazón, debería intentar salir de este círculo de sufrimiento inducido por percibir erróneamente lo no permanente como permanente.

EXTENDER ESTA REFLEXIÓN A LOS DEMÁS

Dado que lo que nos hace desgraciados son nuestras actitudes de permanencia y autovaloración, las meditaciones más provechosas son, por un lado, las meditaciones acerca de la falta de permanencia y el vacío de existencia intrínseca y, por otro, las meditaciones sobre el amor y la compasión. De ahí que Buda hiciera hincapié en que las dos alas del pájaro que vuela hacia la iluminación son la compasión y la sabiduría.

Guiándote por tu experiencia personal de no reconocer lo no permanente por lo que realmente es, podrás comprender por qué otros seres sensibles vagan a lo largo de ilimitadas formas de existencia cíclica por cometer ese mismo error. Observa su sufrimiento inconcebible y su similitud contigo en cuanto al hecho de que desean felicidad y no desean sufrimiento. A lo largo de innumerables vidas han sido tus mejores amigos y te han apoyado con bondad, que es lo que los hace íntimos. El ver que uno tiene la responsabilidad de ayudarlos a obtener felicidad y liberarse del sufrimiento desarrolla el amor y la compasión.

A veces, cuando visito una gran ciudad y me alojo en la planta alta de un hotel, contemplo el tráfico, los cientos e incluso miles de coches que van de un lado a otro, y reflexiono que, aunque estos seres no son impermanentes, están pensando: «Quiero ser feliz», «He de hacer este trabajo», «He de conseguir este dinero», «Debo hacer esto otro». Se imaginan, erróneamente, como seres permanentes. Esa reflexión estimula mi compasión.

REFLEXIÓN MEDITATIVA

Piensa en un amigo o una amiga y considera lo siguiente de corazón:

1. La mente, el cuerpo, los bienes y la vida de esta persona carecen de permanencia porque obedecen a causas y condiciones.

2. Las mismas causas que producen la mente, el cuerpo, los bienes y la vida de esta persona también hacen que todo ello se desintegre momento a momento.

3. El hecho de que las cosas carezcan de una naturaleza permanente indica que no funcionan por sí mismas, sino bajo una influencia externa.

4. Al percibir erróneamente como algo constante eso que se desintegra momento a momento, este amigo se genera sufrimiento y genera sufrimiento a los demás.

Ahora cultiva tres niveles de amor:

1. Esta persona desea felicidad pero carece de ella. ¡Sería maravilloso que pudiera imbuirse de felicidad y de todas las causas para ser feliz!

2. Esta persona desea felicidad pero carece de ella. ¡Ojalá pueda imbuirse de felicidad y de todas las causas para ser feliz!

3. Esta persona desea felicidad pero carece de ella. ¡Haré cuanto esté en mi mano para ayudarla a imbuirse de felicidad y de todas las causas para ser feliz!

Ahora cultiva tres niveles de compasión:

1. Esta persona quiere ser feliz y no quiere sufrir, y sin embargo está terriblemente afligida. ¡Si al menos pudiera liberarse del sufrimiento y de las causas del sufrimiento!

2. Esta persona quiere ser feliz y no quiere sufrir, y sin embargo está terriblemente afligida. ¡Ojalá pueda liberarse del sufrimiento y de las causas del sufrimiento!

3. Esta persona quiere ser feliz y no quiere sufrir, y sin embargo está terriblemente afligida. ¡Ayudaré a esta persona a liberarse del sufrimiento y de todas las causas del sufrimiento!

Ahora cultiva el compromiso pleno:

1. La existencia cíclica es un proceso regido por la ignorancia.

2. Por tanto, es realista que trabaje para alcanzar la iluminación y para ayudar a los demás a hacer lo mismo.

3. Aun cuando tenga que hacerlo solo, liberaré a todos los seres sensibles del sufrimiento y de las causas del sufri-

miento, e imbuiré a todos los seres sensibles de felicidad y de sus causas.

Una a una, piensa en diferentes personas —primero amigos, luego personas neutrales y luego enemigos, comenzando por el menos ofensivo— y repite estas reflexiones con respecto a ellas. Te llevará meses y años, pero el beneficio de esta práctica es inmenso.

23

Fusionarse con el amor supremo

No basta con que la doctrina sea grande.
La persona debe tener una actitud grande.

Dicho tibetano

Hemos llegado al nivel más profundo del amor y la compasión, el cual es posible por el conocimiento del vacío de existencia intrínseca. Chandrakirti lo expresa del siguiente modo:

Rindo homenaje a la preocupación afectuosa al ver a los transmigradores vacíos de existencia intrínseca pese a que parecen existir de forma intrínseca, como el reflejo de la luna en el agua.

El reflejo de la luna en un agua transparente y tranquila parece ser enteramente la luna, pero no lo es; en realidad, la luna está en el cielo. Esta imagen simboliza la apariencia del «yo» y de todos los demás fenómenos de que existen de forma intrínseca: aunque parezcan existir por sí mismos, carecen de esa cualidad. Como quien percibe erróneamente el reflejo

de la luna como la luna, percibimos erróneamente la apariencia del «yo» y de otros fenómenos como cosas que existen por
sí mismas.

Esta metáfora puede utilizarse como una vía para desarrollar una visión profunda de cómo somos arrastrados innecesariamente hacia el sufrimiento al aceptar falsas apariencias y
caer presa, de ese modo, del deseo y el odio y de todas las acciones que se derivan de uno y otro, lo que nos lleva a acumular karma y nacer una y otra vez en un ciclo de dolor. Esta visión penetrante estimula en nosotros el amor y la compasión
profundos porque vemos con claridad cuán innecesarios son
esos males.

Aquí, los seres sensibles son vistos no solo como seres que
sufren en un proceso similar al del cubo en un pozo y como
seres imbuidos de falta de permanencia como un reflejo rutilante, sino también como seres sometidos a la ignorancia de
aceptar la falsa apariencia de existencia intrínseca. Con esta visión profunda fresca en la mente, sentimos brotar en nosotros
un gran amor y una gran compasión por todos los seres sensibles; nos sentimos próximos a ellos porque, como nosotros,
desean ser felices y no desean sufrir, y sentimos el impacto de
que hayan sido nuestros mejores amigos en el transcurso de incontables vidas, amigos que nos apoyaron con bondad.

Para acceder a este nivel profundo de amor y compasión
primero necesitamos comprender que nosotros y los demás
seres sensibles estamos vacíos de existencia intrínseca. Así
pues, repasemos los pasos para tomar conciencia de la naturaleza última del «yo».

REFLEXIÓN MEDITATIVA

1. Como hiciste anteriormente, trae a la mente el objetivo de tu razonamiento, el «yo» intrínsecamente establecido, recordando o imaginando una ocasión en que creíste firmemente en él.

2. Repara en la ignorancia que atribuye una existencia intrínseca y reconócela.

3. Concéntrate en observar que, si existiera ese establecimiento intrínseco, el «yo» y el complejo mente-cuerpo tendrían que ser lo mismo o diferentes.

4. Observa detenidamente lo absurdo de afirmar que el «yo» y el complejo mente-cuerpo son lo mismo o diferentes viendo y sintiendo la imposibilidad de las siguientes afirmaciones:

UNIDAD

- El «yo» y el complejo mente y cuerpo tendrían que ser absolutamente y en todos los sentidos uno.
- En ese caso, reivindicar un «yo» no tendría sentido.
- Sería imposible pensar en «mi cuerpo» o «mi cabeza» o «mi mente».
- Cuando la mente y el cuerpo dejaran de existir, el «yo» también dejaría de existir.
- Puesto que mente y cuerpo son plurales, el «yo» de una persona también sería plural.
- Puesto que el «yo» es solo uno, mente y cuerpo también serían uno.
- Del mismo modo que la mente y el cuerpo se produ

cen y desintegran, también debería afirmarse que el «yo» se produce intrínsecamente y se desintegra intrínsecamente. En ese caso, ni los efectos agradables de las acciones virtuosas ni los efectos dolorosos de las acciones no virtuosas recaerían en nosotros, o bien estaríamos experimentando los efectos de acciones que nosotros no hemos realizado.

Diferencia

- El «yo» y el complejo mente-cuerpo tendrían que estar completamente separados.
- En ese caso, deberíamos poder encontrar al «yo» después de retirar la mente y el cuerpo.
- El «yo» no tendría las características de producción, permanencia y desintegración, lo cual es absurdo.
- El «yo», absurdamente, tendría que ser solo un producto de la imaginación o permanente.
- Absurdamente, el «yo» no tendría ninguna característica física ni mental.

5. Al no encontrar un «yo», concluye con firmeza: «Ni yo ni ninguna otra persona se establece de forma intrínseca».

6. Resolución: Desde lo más hondo de mi corazón debería intentar salir de esta rueda de sufrimiento que me impongo al percibir erróneamente lo que no existe intrínsecamente como algo que existe intrínsecamente.

EXTENDER ESTA REFLEXIÓN A OTROS

Las actitudes destructivas son nuestros enemigos internos, la base de todos nuestros problemas. ¿Cómo se generan? A partir del deseo y el odio, cuya fuente es la ignorancia. Dado que tales emociones destructivas solo causan perjuicio y nunca beneficio, tenemos que vencerlas. Para ello es preciso tratar las causas.

Todas las emociones problemáticas tienen su origen en una emoción destructiva básica, esto es, una conciencia ignorante que no sabe cómo son en realidad las personas y las cosas y que interpreta erróneamente su naturaleza. Tenemos que ver las emociones destructivas como enemigas, primero reconociéndolas y luego adoptando técnicas para destruirlas.

Regidos por las emociones destructivas, emprendemos acciones que establecen tendencias contraproducentes en la mente. Las acciones no virtuosas nos llevan a renacer en vidas más infelices, mientras que las acciones virtuosas nos llevan a renacer en vidas más felices. Unas y otras, con todo, tienen su origen en la vasta ignorancia. Si tomamos verdadera conciencia de la realidad —el vacío de existencia intrínseca— y nos habituamos a ella en la meditación, dejamos de acumular el karma que nos hace renacer en la existencia cíclica; al final dirigiremos nuestro propio renacimiento, para así poder ayudar a los demás de forma más eficaz.

Dado que la existencia cíclica tiene su origen en la percepción errónea de existencia intrínseca, la única forma de salir de la existencia cíclica es reconocer esta falacia. Aunque son muchos los factores que generan existencia cíclica, únicamente yendo a su origen —la ignorancia— puede cortarse, pues la ignorancia es la fuente de todas las demás causas. Mediante las reflexiones meditativas de este libro has aprendido a cultivar antídotos contra esas causas con el propósito de poner fin al sufrimiento y las causas del sufrimiento. Cuando interiorizas este proceso, generas la intención de alcanzar la liberación con algo más que palabras.

A través de la práctica, los objetivos se transforman; generamos la sincera intención de abandonar la rueda del dolor, y en ese momento nos convertimos en un practicante espiritual con mayor capacidad. Como el erudito y yogui tibetano Tsongkhapa nos explica en sus *Tres aspectos principales del camino*, llegados a este punto nos concentramos noche y día en alcanzar la liberación. Desde lo más hondo de la mente hemos decidido que, si no nos liberamos de todo el proceso de la existencia cíclica, no habremos cumplido el objetivo de nuestra vida como seres humanos.

Ser un ser humano es la mejor base posible para alcanzar la liberación de la existencia cíclica, para utilizar las tres prácticas de ética, meditación concentrada y sabiduría.

Practicar la ética implica refrenar abiertamente la mala conducta del cuerpo, el habla y la mente. Las malas conductas más sutiles se eliminan practicando la meditación concentrada del aquietamiento de la mente. El abandono final de las acciones negativas se consigue practicando la sabiduría de la visión penetrante en el vacío de existencia intrínseca.

Al comienzo se practica la ética porque, cuando funcionamos bajo la influencia de emociones totalmente destructivas, la conducta física y verbal es áspera, dañina para nosotros y para los demás. La ética implica controlar tales actitudes burdas para que no se manifiesten; así y todo, la práctica de la ética no erradica las emociones destructivas. Solo cuando las emociones destructivas se han extinguido por completo se alcanza la liberación.

He aquí el proceso que debes seguir una vez que hayas comprendido tu situación en la existencia cíclica:

1. Primero, entrénate en reconocer el alcance del sufrimiento en esta vida.

2. A continuación, genera aversión por todas las modalidades del círculo de sufrimiento de una vida a otra, llamado «existencia cíclica», y practica la ética, la meditación concentrada y la sabiduría.

3. Finalmente, mediante el dominio pleno de estas prácticas, podrás llegar al estado de liberación de la existencia cíclica en donde el sufrimiento se ha extinguido por completo.

De esta manera alcanzamos la liberación, pero ni siquiera entonces hemos cumplido del todo nuestros objetivos. Todavía no hemos superado el principal obstáculo para la capacidad plena de ayudar a los demás, es decir, predisposiciones que todavía restan en la mente debido a la ignorancia con respecto a la verdadera naturaleza de las personas y las cosas.

Aunque hemos vencido la ignorancia en sí, tales predisposiciones permanecen latentes en la mente, impidiéndonos conocer todo lo que puede ser conocido.

Mientras estemos en este estado, aunque intentemos ayudar a los demás el beneficio que resulte será pequeño. Si bien liberarse de la existencia cíclica es, sin duda, beneficioso, en lo referente a la mente nuestra visión sigue centrada principalmente en nuestro bienestar personal. En cuanto al progreso personal, el proceso de superar obstáculos y desarrollar estados superiores no ha concluido aún; seguimos viviendo en una paz solitaria.

Es importante no fomentar la tendencia hacia la paz solitaria, porque si buscamos la liberación meramente por nuestro bien, se alarga el proceso de alcanzar la iluminación altruista dirigida al bien de los demás, que es el objetivo último. Al ocuparnos solo de nosotros mismos, alimentamos una actitud de autovaloración, actitud que luego, cuando practicamos el amor y la compasión grandes, cuesta vencer. Por consiguiente, es muy importante que desde el principio no invirtamos todo el poder de la mente en nuestro beneficio personal.

Al comprender la vacuidad, nos damos cuenta de que es posible liberarse del cepo de la existencia cíclica, y eso refuerza nuestra decisión de abandonarla; cuando comprendemos que el sufrimiento de los demás también tiene su origen en la ignorancia, nos damos cuenta de que pueden liberarse de todo sufrimiento, lo que fortalece nuestra decisión de ayudarlos. Así pues, la visión penetrante convierte el amor y la compasión en expresiones realistas de un saber profundo. Como dijo Buda: «La compasión de Buda por los seres sensibles es fruto de esta reflexión: "Aunque todos los fenómenos están vacíos, los seres sensibles se aferran a perspectivas de existencia intrínseca"».

Al comprender que los seres están vacíos de existencia intrínseca, desarrollamos un amor y una compasión aún más profundos, pues percibimos holísticamente cómo estos, por el hecho de ignorar cuál es la verdadera naturaleza de las personas y demás fenómenos, se generan sufrimiento. Tomar conciencia del vacío de existencia inherente despeja el camino para intensificar el amor y la compasión.

El hecho de comprender la naturaleza última de las personas y las cosas nos trae a la mente incontables seres sensibles que, como nosotros, desean felicidad y no desean sufrimiento, seres que a lo largo de incontables vidas han sido nuestros mejores amigos y nos han apoyado con bondad. El sentir esta intimidad y conocer por qué están atrapados en la rueda del dolor a través del renacimiento produce en nosotros una poderosa preocupación por su bienestar.

REFLEXIÓN MEDITATIVA

Piensa en un amigo y, mientras recuerdas el proceso de la existencia cíclica autodestructiva, considera lo siguiente:

1. Como yo, esta persona se encuentra perdida en el océano de una percepción errónea del «yo» como un fenómeno de existencia inherente, alimentado por un

enorme río de ignorancia que cree, erróneamente, que la mente y el cuerpo existen de forma intrínseca, y agitado por vientos de pensamientos y acciones contraproducentes.

2. Como quien confunde el reflejo de la luna en el agua con la propia luna, esta persona interpreta erróneamente la apariencia del «yo» y de otros fenómenos como entidades que existen por sí mismas.

3. Al aceptar esta falsa apariencia, esta persona, impotente, es arrastrada al deseo y el odio, lo que la lleva a acumular karma y nacer una y otra vez en una rueda de dolor.

4. A través de este proceso esta persona genera innecesariamente sufrimiento, para ella y para los demás.

Ahora cultiva tres niveles de amor:

1. Esta persona desea felicidad pero carece de ella. ¡Sería maravilloso que pudiera imbuirse de felicidad y de todas las causas para ser feliz!

2. Esta persona desea felicidad pero carece de ella. ¡Ojalá pueda imbuirse de felicidad y de todas las causas para ser feliz!

3. Esta persona desea felicidad pero carece de ella. ¡Haré cuanto esté en mi mano para ayudarla a imbuirse de felicidad y de todas las causas para ser feliz!

Ahora cultiva tres niveles de compasión:

1. Esta persona quiere ser feliz y no quiere sufrir, y sin embargo está terriblemente afligida. ¡Si al menos pudiera liberarse del sufrimiento y de las causas del sufrimiento!

2. Esta persona quiere ser feliz y no quiere sufrir, y sin embargo está terriblemente afligida. ¡Ojalá pueda liberarse del sufrimiento y de las causas del sufrimiento!

3. Esta persona quiere ser feliz y no quiere sufrir, y sin embargo está terriblemente afligida. ¡Ayudaré a esta persona a liberarse del sufrimiento y de todas las causas del sufrimiento!

Ahora cultiva el compromiso pleno:

1. La existencia cíclica es un proceso regido por la ignorancia.

2. Por tanto, es realista que trabaje para alcanzar la iluminación y para ayudar a los demás a hacer lo mismo.

3. Aun cuando tenga que hacerlo solo, liberaré a todos los seres sensibles del sufrimiento y de las causas del sufrimiento, e imbuiré a todos los seres sensibles de felicidad y de sus causas.

Una a una, piensa en diferentes personas —primero amigos, luego personas neutrales y luego enemigos, comenzando por el menos ofensivo— y repite estas reflexiones con respecto a ellas. Te llevará meses y años, pero el beneficio de esta práctica es inmenso.

EL IMPACTO DEL AMOR Y LA COMPASIÓN GRANDES

Muéstrate dispuesto a familiarizarte con esta actitud, asumiendo la carga de proteger a todos los seres sensibles de todos los problemas; hazlo de forma reiterada y con análisis regulares. Tu empatía será tan grande que inundará todo su ser. Sin deseo alguno de recompensa, tu única meta será el desarrollo de los demás, sin sentirte desalentado ni desanimado en tu tarea.

Apéndice

Repaso de las reflexiones meditativas

PARTE I. LA NECESIDAD DE UNA VISIÓN PENETRANTE

1. Preparar el terreno para desarrollar una visión penetrante

1. Todas las emociones contraproducentes se basan en la ignorancia de la verdadera naturaleza de las personas y las cosas.

2. Hay formas concretas de inhibir temporalmente el deseo y el odio, pero si debilitamos la ignorancia que percibe de forma errónea nuestra naturaleza, la de los demás y la de todas las cosas, todas las emociones destructivas se debilitarán.

3. La ignorancia considera que los fenómenos —que en realidad no existen en sí mismos ni por sí mismos— existen independientemente del pensamiento.

2. Descubrir la fuente de los problemas

Considera lo siguiente:

1. ¿El atractivo de un objeto parece inherente a él?

2. ¿El atractivo de un objeto oculta sus defectos y desventajas?

3. ¿La exageración del atractivo de ciertos objetos conduce al deseo?

4. ¿La exageración de la fealdad de ciertos objetos conduce al odio?

5. Observa cómo:

   • Primero percibes un objeto.

   • Luego observas que el objeto es bueno o malo.

   • Luego concluyes que el objeto existe de forma independiente.

   • Luego concluyes que ese atributo bueno o malo es inherente al objeto.

   • Luego generas deseo u odio según tus juicios previos.

3. Por qué es necesario comprender la verdad

Considera lo siguiente:

1. La ignorancia conduce a exagerar la importancia de la belleza, la fealdad y demás cualidades.

2. La exageración de estas cualidades conduce al deseo, el odio, la envidia, la agresividad y demás emociones destructivas.

3. Estas emociones destructivas conducen a acciones contaminadas por percepciones erróneas.

4. Estas acciones (karma) conducen a los inevitables renacimientos en la existencia cíclica y a la generación constante de problemas.

5. Superar la ignorancia reduce nuestra exageración de las cualidades positivas y negativas, lo que a su vez debilita el deseo, el odio, la envidia, la agresividad y demás emociones destructivas y pone fin a las acciones contaminadas por percepciones erróneas y, por tanto, a los inevitables renacimientos en la existencia cíclica.

6. La visión penetrante es la salida.

Parte II. Cómo debilitar la ignorancia

4. Sentir el impacto de las interrelaciones mutuas

1. Piensa en un fenómeno no permanente, como una casa.
2. Imagina que nace dependiendo de unas causas concretas: madera, carpinteros y demás.
3. Observa si esta dependencia choca con la apariencia de la casa como un fenómeno que existe por sí mismo.

Luego:

1. Piensa en un fenómeno no permanente, por ejemplo un libro.
2. Imagina que nace dependiendo de sus partes: páginas y cubierta.
3. Observa si esa dependencia con respecto a las partes choca con el hecho de que parezca existir por sí mismo.

Luego:

1. Considera la conciencia implicada en la observación de un jarrón azul.

2. Reflexiona sobre su nacimiento con dependencia de sus partes: los diversos momentos que conforman su continuo.

3. Observa si su dependencia con respecto a las partes choca con la apariencia de que existe por sí misma.

Luego:

1. Considera el espacio en general.

2. Reflexiona sobre su nacimiento con dependencia de sus partes: norte, sur, este y oeste.

3. Observa si su dependencia con respecto a sus partes choca con la apariencia de que existe por sí misma.

También:

1. Considera el espacio de una taza.

2. Reflexiona sobre su nacimiento con dependencia de sus partes: la mitad superior y la mitad inferior de la taza.

3. Observa si su dependencia con respecto a las partes choca con la apariencia de que existe por sí misma.

5. Entender el razonamiento del origen dependiente de las cosas

Considera lo siguiente:

1. Dependiente e independiente forman una dicotomía. Todo lo que existe es una cosa u otra.

2. Cuando algo es dependiente, por fuerza está vacío de existencia intrínseca.

3. En ningún lugar de las partes del cuerpo y la mente que forman la base del «yo» podemos encontrar el «yo».

Por tanto, el «yo» no se establece por sí mismo sino mediante el poder de otras condiciones, esto es, sus causas, sus partes y el pensamiento.

6. Ver la interdependencia de los fenómenos

Considera lo siguiente:

1. La existencia intrínseca nunca existió, no existe y nunca existirá.

2. Sin embargo, imaginamos que sí existe y, por consiguiente, nos vemos arrastrados hacia emociones angustiantes.

3. La creencia de que los fenómenos existen de forma intrínseca es una exageración extrema, un abismo aterrador.

4. La creencia de que los fenómenos no permanentes no pueden realizar funciones, o actuar como causa y efecto, es una negación extrema, otro abismo aterrador.

5. Tomar conciencia de que todos los fenómenos carecen de existencia intrínseca porque tienen un origen dependiente evita ambos extremos. Tomar conciencia de que los fenómenos tienen un origen dependiente evita el peligroso extremo de la negación; tomar conciencia de que carecen de existencia intrínseca evita el peligroso extremo de la exageración.

7. Evaluar el origen dependiente de las cosas y la vacuidad

Considera lo siguiente:

1. Dado que las personas tienen un origen dependiente, están vacías de existencia intrínseca. Al ser dependientes, no existen por sí mismos.

2. Dado que las personas y las cosas están vacías de existencia intrínseca, por fuerza han de tener un origen dependiente. Si los fenómenos existieran por sí mismos, no podrían depender de otros factores, ya sean estos causas, partes o el pensamiento. Puesto que los fenómenos no pueden existir por sí mismos, pueden transformarse.

3. Estos dos reconocimientos deberían trabajar juntos, fomentándose mutuamente.

PARTE III. APROVECHAR EL PODER DE LA CONCENTRACIÓN Y LA VISIÓN PENETRANTE

8. Centrar la mente

1. Observa detenidamente una imagen de Buda o de otra figura o símbolo religioso, prestando atención a la forma, el color y los detalles.

2. Practica para que la imagen aparezca internamente en tu conciencia, imaginándola a la altura de las cejas, a una distancia de un metro y medio o dos metros, con una estatura de entre tres y diez centímetros (mejor que sea pequeño) y un brillo intenso.

3. Piensa que la imagen es real y está dotada de las magníficas cualidades de cuerpo, habla y mente.

9. Poner a punto la mente para la meditación

1. Fija la mente en el objeto de meditación.
2. Empleando la introspección, comprueba de vez en cuando si tu mente permanece en el objeto.
3. Si adviertes que se ha desviado, invoca de nuevo el objeto y fija tu mente en él todas las veces que sea necesario.

Luego:
1. Para contrarrestar la laxitud, que es una forma demasiado relajada de percibir el objeto meditativo:
   • Primero tensa un poco la atención en el objeto.
   • Si eso no funciona, haz más brillante el objeto, elévalo o presta más atención a sus detalles.
   • Si eso no funciona, deja el objeto y piensa durante un rato en un tema agradable, como las maravillosas cualidades del amor y la compasión o la maravillosa oportunidad de que la vida humana permita la práctica espiritual.
   • Si eso no funciona, deja de meditar y ve a un lugar elevado o con amplias vistas.
2. Para contrarrestar la agitación, que es una forma demasiado tensa de percibir el objeto meditativo:
   • Primero intenta relajar un poco tu forma de imaginar el objeto.

- Si eso no funciona, baja el objeto en tu mente e imagínalo más pesado.
- Si eso no funciona, deja el objeto y piensa durante un rato en un tema que te serene, por ejemplo el modo en que la ignorancia ocasiona los sufrimientos de la existencia cíclica, o la inminencia de la muerte, o las desventajas del objeto hacia el que te has desviado y las desventajas de la distracción misma.

PARTE IV. CÓMO PONER FIN AL AUTOENGAÑO

10. Meditar primero sobre uno mismo

Considera lo siguiente:
1. La persona está en el centro de todos los problemas.
2. Por consiguiente, lo mejor es trabajar para comprender primero tu verdadera naturaleza.
3. Acto seguido, esta percepción podrá aplicarse a la mente, el cuerpo, la casa, el coche, el dinero y demás fenómenos.

11. Comprender que uno no existe en sí mismo y por sí mismo

1. Imagina que alguien te critica por algo que no has hecho señalándote con el dedo y diciendo: «Has estropeado esto y aquello».
2. Observa tu reacción. ¿Cómo aparece el «yo» en tu mente?

3. ¿De qué forma lo estás percibiendo?

4. Observa que ese «yo» parece existir por sí mismo, establecido por su propia naturaleza.

También:

1. Recuerda una ocasión en que te enojaras con tu mente, por ejemplo por haber olvidado algo.

2. Repasa tus sentimientos. ¿Cómo aparecía el «yo» en tu mente en aquel momento?

3. ¿De qué manera lo estabas percibiendo?

4. Observa que ese «yo» parece existir por sí mismo, establecido por su propia naturaleza.

También:

1. Recuerda una ocasión en que estuvieras harto de tu cuerpo o de algún rasgo de tu cuerpo, por ejemplo el pelo.

2. Observa tus sentimientos. ¿Cómo aparecía el «yo» en tu mente en ese momento?

3. ¿De qué forma lo estabas percibiendo?

4. Observa que ese «yo» parece existir por sí mismo, establecido por su propia naturaleza.

También:

1. Recuerda una ocasión en que hiciste algo horrible y pensaste: «Menudo lío he armado».

2. Piensa en tus sentimientos. ¿Cómo aparecía el «yo» en tu mente en ese momento?

3. ¿De qué forma lo estabas percibiendo?
4. Observa que ese «yo» parece existir por sí mismo, establecido por su propia naturaleza.

También:

1. Recuerda una ocasión en que hiciste algo maravilloso y te llenaste de orgullo.
2. Examina tus sentimientos. ¿Cómo aparecía el «yo» en tu mente en ese momento?
3. ¿De qué forma lo estabas percibiendo?
4. Observa que ese «yo» parece existir por sí mismo, establecido por su propia naturaleza.

También:

1. Recuerda una ocasión en que te ocurrió algo maravilloso y te produjo un gran placer.
2. Observa tus sentimientos. ¿Cómo aparecía el «yo» en tu mente en ese momento?
3. ¿De qué forma lo estabas percibiendo?
4. Observa que ese «yo» parece existir por sí mismo, establecido por su propia naturaleza.

12. Determinar las opciones

1. Analiza si el «yo» que se establece a sí mismo de forma intrínseca en el contexto del complejo mente-cuerpo podría existir sin ser parte de la mente y el cuerpo o separado de ellos.

2. Piensa, a modo de ejemplo, en otros fenómenos, como una taza y una mesa, o una casa y una montaña. Observa que no existe una tercera categoría de existencia. Son la misma cosa o son cosas diferentes.

3. Decide que si el «yo» existe, como parece, de forma intrínseca, tiene que ser una misma entidad con la mente y el cuerpo o estar separado de ellos.

13. Analizar la unidad

Piensa en las consecuencias que tiene que el «yo» se establezca en sí mismo y por sí mismo, según aparece en nuestra mente, y de que, además, sea lo mismo que el complejo mente-cuerpo:

1. El «yo» y el complejo mente y cuerpo tendrían que ser absolutamente y en todos los sentidos uno.

2. En ese caso, reivindicar un «yo» sería absurdo.

3. Sería imposible pensar en «mi cuerpo» o «mi cabeza» o «mi mente».

4. Cuando la mente y el cuerpo dejaran de existir, el «yo» también dejaría de existir.

5. Puesto que mente y cuerpo son plurales, el «yo» de una persona también sería plural.

6. Puesto que el «yo» es solo uno, mente y cuerpo también serían uno.

7. Del mismo modo que la mente y el cuerpo se producen y desintegran, también debería afirmarse que el «yo» se produce intrínsecamente y se desintegra intrínseca-

mente. En este caso, ni los efectos agradables de las acciones virtuosas ni los efectos dolorosos de las acciones no virtuosas recaerían en nosotros, o estaríamos experimentando los efectos de acciones que nosotros no hemos realizado.

14. *Analizar la diferencia*

Piensa en las consecuencias de que el «yo» se establezca en sí mismo y por sí mismo, según le parece a nuestra mente, y de que sea intrínsecamente diferente del complejo mente-cuepo:

1. El «yo» y el complejo mente-cuerpo tendrían que estar completamente separados.
2. En ese caso, deberíamos poder encontrar al «yo» después de retirar la mente y el cuerpo.
3. El «yo» no tendría las características de producción, permanencia y desintegración, lo cual es absurdo.
4. El «yo», absurdamente, tendría que ser solo un producto de la imaginación o un fenómeno permanente.
5. Absurdamente, el «yo» no tendría ninguna característica física ni mental.

15. *Llegar a una conclusión*

Repasa repetidamente los cuatro pasos que llevan a la comprensión:

1. Céntrate en el objetivo, la apariencia del «yo» que se establece en sí mismo y por sí mismo.

2. Determina que, si el «yo» existe como parece existir, ha de ser o bien una entidad con la mente y el cuerpo o bien algo separado de la mente y el cuerpo.

3. Considera con detenimiento los problemas de que el «yo» y el complejo mente-cuerpo sean la misma cosa.

   • El «yo» y el complejo mente-cuerpo tendrían que ser absolutamente y en todos los sentidos uno.

   • Reivindicar un «yo» carecería de sentido.

   • Sería imposible pensar en «mi cuerpo» o «mi cabeza» o «mi mente».

   • Cuando la mente y el cuerpo dejaran de existir, el «yo» también dejaría de existir.

   • Puesto que mente y cuerpo son plurales, el «yo» de una persona también sería plural.

   • Puesto que el «yo» es solo uno, también mente y cuerpo serían solo uno.

   • Del mismo modo que mente y cuerpo se producen y desintegran, el «yo» se produciría de forma intrínseca y se desintegraría de forma intrínseca. En ese caso, ni los efectos agradables de las acciones virtuosas ni los efectos dolorosos de las acciones no virtuosas recaerían en nosotros, o estaríamos experimentando los efectos de acciones que no hemos realizado.

4. Considera los problemas de que el «yo» y el complejo mente-cuerpo sean intrínsecamente diferentes.

   • El «yo» y el complejo mente-cuerpo tendrían que estar completamente separados.

   • En ese caso, deberíamos poder encontrar el «yo» después de retirar la mente y el cuerpo.

- El «yo» no tendría las características de producción, permanencia y desintegración, lo cual es absurdo.
- El «yo», absurdamente, tendría que ser solo un producto de la imaginación o permanente.
- Absurdamente, el «yo» no tendría ninguna característica física ni mental.

16. Poner a prueba la comprensión

1. Repasa los cuatro pasos del análisis descritos en el capítulo 15.
2. Cuando la sensación de que el «yo» existe por sí mismo se venga abajo y desaparezca, pasa, por ejemplo, a considerar tu brazo.
3. Observa si la sensación de que tu brazo existe de forma intrínseca desaparece al instante debido al razonamiento previo.
4. Si el análisis previo no tiene un efecto inmediato en tu brazo, el nivel de tu comprensión es todavía burdo.

17. Extender esta comprensión a lo que se posee

1. Los fenómenos internos, como tu mente y tu cuerpo, te pertenecen y, por lo tanto, son «tuyos».
2. Las pertenencias externas, como tu ropa o tu coche, también son «tuyas».
3. Si el «yo» no existe de forma intrínseca, lo que es «tuyo» no puede existir de forma intrínseca.

18. Equilibrar el aquietamiento y la visión penetrante

Por ahora, alterna un poco de meditación estabilizadora con un poco de meditación analítica a fin de experimentar el proceso y reforzar tu meditación actual.

1. Primero, centra la mente en un único objeto, por ejemplo una imagen de Buda o tu respiración.
2. Utiliza la meditación analítica tal como se describe en los cuatro pasos para meditar sobre la naturaleza del «yo» (*véase* capítulo 15).
3. Cuando alcances cierta visión penetrante, mantenla durante la meditación estabilizadora y valora su impacto.
4. Luego, cuando la sensación disminuya, regresa a la meditación analítica para recuperar dicha sensación y desarrollar más visión penetrante.

Parte v. Cómo existen realmente las personas y las cosas

19. Vernos como una ilusión

1. Recuerda una ocasión en que confundiste el reflejo de una persona en un espejo con la persona real.
2. Parecía una persona pero en realidad no lo era.
3. Del mismo modo, todas las personas y las cosas parecen existir por sí mismas, sin depender de causas y condiciones, de sus partes o del pensamiento, pero no es así.

4. Así pues, las personas y las cosas son *como* ilusiones.

Luego:

1. Como hiciste antes, trae a la mente el objetivo de tu razonamiento, el «yo» intrínsecamente establecido, recordando una ocasión en que creíste firmemente en él.

2. Repara en la ignorancia que atribuye una existencia intrínseca y reconócela.

3. Concéntrate en observar que si, ese establecimiento intrínseco existiera, el «yo» y el complejo mente-cuerpo tendrían que ser lo mismo o diferentes.

4. Observa detenidamente lo absurdo de afirmar que el «yo» y el complejo mente-cuerpo son lo mismo o diferentes, viendo y sintiendo la imposibilidad de las siguientes afirmaciones:

UNIDAD

• El «yo» y el complejo mente y cuerpo tendrían que ser absolutamente y en todos los sentidos uno.

• En ese caso, reivindicar un «yo» no tendría sentido.

• Sería imposible pensar en «mi cuerpo» o «mi cabeza» o «mi mente».

• Cuando la mente y el cuerpo dejaran de existir, el «yo» también dejaría de existir.

• Puesto que mente y cuerpo son plurales, el «yo» de una persona también sería plural.

• Puesto que el «yo» es solo uno, mente y cuerpo también serían uno.

• Del mismo modo que la mente y el cuerpo se producen y desintegran, también debería afirmarse que el
«yo» se produce intrínsecamente y se desintegra intrínsecamente. En ese caso, ni los efectos agradables
de las acciones virtuosas ni los efectos dolorosos de
las acciones no virtuosas recaerían en nosotros, o bien
estaríamos experimentando los efectos de acciones
que nosotros no hemos realizado.

Diferencia

• El «yo» y el complejo mente-cuerpo tendrían que estar completamente separados.

• En ese caso, deberíamos poder encontrar al «yo» después de retirar la mente y el cuerpo.

• El «yo» no tendría las características de producción, permanencia y desintegración, lo cual es absurdo.

• El «yo», absurdamente, tendría que ser solo un producto de la imaginación o permanente.

• Absurdamente, el «yo» no tendría ninguna característica física ni mental.

5. Al no encontrar un «yo», concluye con firmeza: «Ni
yo ni ninguna otra persona se establece de forma intrínseca».

6. Permanece durante un rato asimilando el significado
de la vacuidad, concentrándote en la ausencia de establecimiento intrínseco.

7. A continuación, deja que las apariencias de la gente afloren de nuevo en tu mente.

8. Reflexiona sobre el hecho de que, dentro del contexto del origen dependiente, la gente también lleva a cabo acciones y, por tanto, acumula karma y experimenta los efectos de esas acciones.

9. Determina el hecho de que la apariencia de las personas es efectiva y posible dentro de la ausencia de existencia intrínseca.

10. Cuando efectividad y vacuidad parezcan ser contradictorias, utiliza el ejemplo de una imagen especular:

   • La aparición de la imagen de un rostro depende, innegablemente, de un rostro y un espejo; aun cuando dicha imagen esté vacía de ojos, orejas y todo lo demás, parece poseerlos, y la imagen de un rostro desaparece innegablemente cuando el rostro o el espejo se ausentan.

   • De igual modo, aunque una persona no tiene ni una pizca de establecimiento intrínseco, no es una contradicción que una persona realice acciones, acumule karma, experimente efectos y nazca con dependencia del karma y de emociones destructivas.

11. Trata de ver la ausencia de contradicción entre efectividad y vacuidad con respecto a todas las personas y cosas.

20. *Percibir que todo depende del pensamiento*

1. Remóntate a una ocasión en que estuvieras lleno de odio o deseo.
2. ¿No te parece que la persona odiada o deseada es sumamente sólida, sumamente concreta?
3. Siendo así, es imposible que puedas afirmar que ya ves los fenómenos como algo que depende del pensamiento.
4. Los ves como entidades que existen por sí mismas.
5. Recuerda que es necesario meditar con frecuencia sobre la vacuidad para rebatir la falsa apariencia de los fenómenos.

Luego considera lo siguiente:

1. El «yo» se establece con dependencia de la mente y el cuerpo.
2. Sin embargo, la mente y el cuerpo no son el «yo», ni el «yo» es la mente y el cuerpo.
3. Por tanto, el «yo» depende del pensamiento conceptual, establecido por la mente.
4. El hecho de que el «yo» dependa del pensamiento implica que el «yo» no existe en sí mismo y por sí mismo.
5. Ahora observa que tienes un visión más clara de lo que significa que algo exista en sí mismo y por sí mismo, de la existencia intrínseca que la percepción de la vacuidad pretende refutar.

Parte VI. Intensificar el amor con la visión penetrante

21. Sentir empatía

Aplícate estas seis similitudes para comprender la naturaleza de tu sufrimiento y desarrollar la firme intención de trascender esta dinámica.

1. Del mismo modo que un cubo está sujeto a una cuerda, también yo estoy limitado por las emociones contraproducentes y por las acciones derivadas de ellas.

2. Del mismo modo que el movimiento ascendente y descendente del cubo por el pozo lo dirige un operario, el proceso de mi existencia cíclica lo dirige mi mente indómita por creer erróneamente que yo existo de forma intrínseca y que lo «mío» existe de forma intrínseca.

3. Del mismo modo que el cubo sube y baja por el pozo una y otra vez, yo vago sin cesar por el gran pozo de la existencia cíclica, desde los estados más elevados de felicidad transitoria hasta los estados más bajos de sufrimiento transitorio.

4. Del mismo modo que subir un cubo requiere mucho esfuerzo pero resulta fácil bajarlo, yo he de hacer mucho esfuerzo para impulsarme hacia arriba, a una vida más feliz, pero desciendo fácilmente a situaciones dolorosas.

5. Del mismo modo que un cubo no decide sus propios movimientos, los factores que moldean mi vida son fruto de la ignorancia, el apego y la codicia en el pasado;

en el presente, esos mismos factores siguen creando problemas para mis vidas futuras, como olas en un océano.

6. Del mismo modo que el cubo rebota en las paredes del pozo cuando sube y baja, yo recibo golpes diariamente por el sufrimiento causado por el dolor y el cambio, y por estar atrapado en procesos que se hallan fuera de mi control.

7. Por lo tanto, desde lo más hondo de mi corazón debería intentar salir de esta rueda cíclica de sufrimiento.

Luego:

Elige a un amigo y piensa con sentimiento:

1. Del mismo modo que un cubo está sujeto a una cuerda, también esta persona está limitada por las emociones contraproducentes y por las acciones derivadas de ellas.

2. Del mismo modo que el movimiento ascendente y descendente del cubo por el pozo lo dirige un operario, el proceso de la existencia cíclica de esta persona lo dirige su mente indómita por creer erróneamente que ella existe de forma inherente y que lo «mío» existe de forma intrínseca.

3. Del mismo modo que el cubo sube y baja por el pozo una y otra vez, esta persona vaga sin cesar por el gran pozo de la existencia cíclica, desde los estados más elevados de felicidad transitoria hasta los estados más bajos de sufrimiento transitorio.

4. Del mismo modo que subir un cubo requiere mucho

esfuerzo pero resulta fácil bajarlo, esta persona ha de hacer mucho esfuerzo para impulsarse hacia arriba, a una vida más feliz, pero desciende fácilmente a situaciones dolorosas.

5. Del mismo modo que un cubo no decide sus propios movimientos, los factores que moldean la vida de esta persona son fruto de la ignorancia, el apego y la codicia en el pasado; en el presente, esos mismos factores siguen creando problemas para sus vidas futuras, como olas en un océano.

6. Del mismo modo que el cubo rebota en las paredes del pozo cuando sube y baja, esta persona recibe golpes diariamente por el sufrimiento causado por el dolor y el cambio, y por estar atrapada en procesos que se hallan fuera de su control.

Ahora cultiva tres niveles de amor:

1. Esta persona desea felicidad pero carece de ella. ¡Sería maravilloso que pudiera imbuirse de felicidad y de todas las causas para ser feliz!

2. Esta persona desea felicidad pero carece de ella. ¡Ojalá pueda imbuirse de felicidad y de todas las causas para ser feliz!

3. Esta persona desea felicidad pero carece de ella. ¡Haré cuanto esté en mi mano para ayudarla a imbuirse de felicidad y de todas las causas para ser feliz!

Ahora cultiva tres niveles de compasión:

1. Esta persona quiere ser feliz y no quiere sufrir, y sin embargo está terriblemente afligida. ¡Si al menos pudiera liberarse del sufrimiento y de las causas del sufrimiento!

2. Esta persona quiere ser feliz y no quiere sufrir, y sin embargo está terriblemente afligida. ¡Ojalá pueda liberarse del sufrimiento y de las causas del sufrimiento!

3. Esta persona quiere ser feliz y no quiere sufrir, y sin embargo está terriblemente afligida. ¡Ayudaré a esta persona a liberarse del sufrimiento y de todas las causas del sufrimiento!

Ahora cultiva el compromiso pleno:

1. La existencia cíclica es un proceso regido por la ignorancia.

2. Por tanto, es realista que trabaje para alcanzar la iluminación y para ayudar a los demás a hacer lo mismo.

3. Aun cuando tenga que hacerlo solo, liberaré a todos los seres sensibles del sufrimiento y de las causas del sufrimiento, e imbuiré a todos los seres sensibles de felicidad y de sus causas.

Una a una, piensa en diferentes personas —primero amigos, luego personas neutrales y luego enemigos, comenzando por el menos ofensivo— y repite estas reflexiones con respecto a ellas. Te llevará meses y años, pero el beneficio de esta práctica es inmenso.

22. *Reflexionar sobre la falta de permanencia*

Considera esto en profundidad:

1. Es indudable que moriré. La muerte no puede evitarse. La vida se me acaba y no puedo alargarla.

2. Cuándo moriré es algo indeterminado. La duración de la vida entre los humanos varía. Las causas de muerte son muchas y las causas de vida, en comparación, pocas. El cuerpo es frágil.

3. Al morir, nada me ayudará salvo mi actitud transformada. Los amigos no podrán ayudarme. Mis bienes no me servirán de nada, y tampoco mi cuerpo.

4. Todos estamos en esta situación arriesgada, de modo que no tiene sentido discutir, pelearse y malgastar toda nuestra energía mental y física acumulando dinero y bienes.

5. Debería practicar ahora el reducir mi apego a los caprichos pasajeros.

6. Desde lo más hondo de mi corazón, debería intentar superar este ciclo de sufrimiento generado por percibir erróneamente lo no permanente como permanente.

Luego considera lo siguiente:

1. Mi mente, mi cuerpo, mis bienes y mi vida no son permanentes porque obedecen a causas y condiciones.

2. Las mismas causas que producen mi mente, mi cuerpo, mis posesiones y mi vida también hacen que todo ello se desintegre momento a momento.

3. El hecho de que las cosas carezcan de una naturaleza permanente indica que no funcionan por sí mismas, sino bajo una influencia externa.

4. Al percibir erróneamente como algo constante eso que se desintegra momento a momento, me genero sufrimiento y genero sufrimiento a los demás.

5. Desde lo más hondo de mi corazón, debería intentar salir de este círculo de sufrimiento inducido por percibir erróneamente lo no permanente como permanente.

Luego:

Piensa en un amigo o una amiga y considera lo siguiente de corazón:

1. La mente, el cuerpo, los bienes y la vida de esta persona carecen de permanencia porque obedecen a causas y condiciones.

2. Las mismas causas que producen la mente, el cuerpo, los bienes y la vida de esta persona también hacen que todo ello se desintegre momento a momento.

3. El hecho de que las cosas carezcan de una naturaleza permanente indica que no funcionan por sí mismas, sino bajo una influencia externa.

4. Al percibir erróneamente como algo constante eso que se desintegra momento a momento, este amigo se genera sufrimiento y genera sufrimiento a los demás.

Ahora cultiva tres niveles de amor:

1. Esta persona desea felicidad pero carece de ella. ¡Sería maravilloso que pudiera imbuirse de felicidad y de todas las causas para ser feliz!

2. Esta persona desea felicidad pero carece de ella. ¡Ojalá pueda imbuirse de felicidad y de todas las causas para ser feliz!

3. Esta persona desea felicidad pero carece de ella. ¡Haré cuanto esté en mi mano para ayudarla a imbuirse de felicidad y de todas las causas para ser feliz!

Ahora cultiva tres niveles de compasión:

1. Esta persona quiere ser feliz y no quiere sufrir, y sin embargo está terriblemente afligida. ¡Si al menos pudiera liberarse del sufrimiento y de las causas del sufrimiento!

2. Esta persona quiere ser feliz y no quiere sufrir, y sin embargo está terriblemente afligida. ¡Ojalá pueda liberarse del sufrimiento y de las causas del sufrimiento!

3. Esta persona quiere ser feliz y no quiere sufrir, y sin embargo está terriblemente afligida. ¡Ayudaré a esta persona a liberarse del sufrimiento y de todas las causas del sufrimiento!

Ahora cultiva el compromiso pleno:

1. La existencia cíclica es un proceso regido por la ignorancia.

2. Por tanto, es realista que trabaje para alcanzar la iluminación y para ayudar a los demás a hacer lo mismo.

3. Aun cuando tenga que hacerlo solo, liberaré a todos los seres sensibles del sufrimiento y de las causas del sufrimiento, e imbuiré a todos los seres sensibles de felicidad y de sus causas.

Una a una, piensa en diferentes personas —primero amigos, luego personas neutrales y luego enemigos, comenzando por el menos ofensivo— y repite estas reflexiones con respecto a ellas. Te llevará meses y años, pero el beneficio de esta práctica es inmenso.

23. Fusionarse con el amor supremo

1. Como hiciste anteriormente, trae a la mente el objetivo de tu razonamiento, el «yo» intrínsecamente establecido, recordando o imaginando una ocasión en que creíste firmemente en él.

2. Repara en la ignorancia que atribuye una existencia intrínseca y reconócela.

3. Concéntrate en observar que, si existiera ese establecimiento intrínseco, el «yo» y el complejo mente-cuerpo tendrían que ser lo mismo o diferentes.

4. Observa detenidamente lo absurdo de afirmar que el «yo» y el complejo mente-cuerpo son lo mismo o diferentes viendo y sintiendo la imposibilidad de las siguientes afirmaciones:

Unidad

- El «yo» y el complejo mente y cuerpo tendrían que ser absolutamente y en todos los sentidos uno.
- En ese caso, reivindicar un «yo» no tendría sentido.
- Sería imposible pensar en «mi cuerpo» o «mi cabeza» o «mi mente».
- Cuando la mente y el cuerpo dejaran de existir, el «yo» también dejaría de existir.
- Puesto que mente y cuerpo son plurales, el «yo» de una persona también sería plural.
- Puesto que el «yo» es solo uno, mente y cuerpo también serían uno.
- Del mismo modo que la mente y el cuerpo se producen y desintegran, también debería afirmarse que el «yo» se produce intrínsecamente y se desintegra intrínsecamente. En ese caso, ni los efectos agradables de las acciones virtuosas ni los efectos dolorosos de las acciones no virtuosas recaerían en nosotros, o bien estaríamos experimentando los efectos de acciones que nosotros no hemos realizado.

Diferencia

- El «yo» y el complejo mente-cuerpo tendrían que estar completamente separados.
- En ese caso, deberíamos poder encontrar al «yo» después de retirar la mente y el cuerpo.
- El «yo» no tendría las características de produc-

ción, permanencia y desintegración, lo cual es absurdo.

- El «yo», absurdamente, tendría que ser solo un producto de la imaginación o permanente.
- Absurdamente, el «yo» no tendría ninguna característica física ni mental.

5. Al no encontrar un «yo», concluye con firmeza: «Ni yo ni ninguna otra persona se establece de forma intrínseca».
6. Resolución: Desde lo más hondo de mi corazón debería intentar salir de esta rueda de sufrimiento que me impongo al percibir erróneamente lo que no existe intrínsecamente como algo que existe intrínsecamente.

Luego:

Piensa en un amigo y, mientras recuerdas el proceso de la existencia cíclica autodestructiva, considera lo siguiente:

1. Como yo, esta persona se encuentra perdida en el océano de una percepción errónea del «yo» como un fenómeno de existencia intrínseca, alimentado por un enorme río de ignorancia que cree, erróneamente, que la mente y el cuerpo existen de forma intrínseca, y agitado por vientos de pensamientos y acciones contraproducentes.
2. Como quien confunde el reflejo de la luna en el agua con la propia luna, esta persona interpreta errónea-

mente la apariencia del «yo» y de otros fenómenos como entidades que existen por sí mismas.

3. Al aceptar esta falsa apariencia, la persona, impotente, es arrastrada al deseo y el odio, lo que la lleva a acumular karma y nacer una y otra vez en una rueda de dolor.

4. A través de este proceso esta persona genera innecesariamente sufrimiento, para ella y para los demás.

Ahora cultiva tres niveles de amor:

1. Esta persona desea felicidad pero carece de ella. ¡Sería maravilloso que pudiera imbuirse de felicidad y de todas las causas para ser feliz!

2. Esta persona desea felicidad pero carece de ella. ¡Ojalá pueda imbuirse de felicidad y de todas las causas para ser feliz!

3. Esta persona desea felicidad pero carece de ella. ¡Haré cuanto esté en mi mano para ayudarla a imbuirse de felicidad y de todas las causas para ser feliz!

Ahora cultiva tres niveles de compasión:

1. Esta persona quiere ser feliz y no quiere sufrir, y sin embargo está terriblemente afligida. ¡Si al menos pudiera liberarse del sufrimiento y de las causas del sufrimiento!

2. Esta persona quiere ser feliz y no quiere sufrir, y sin embargo está terriblemente afligida. ¡Ojalá pueda liberarse del sufrimiento y de las causas del sufrimiento!

3. Esta persona quiere ser feliz y no quiere sufrir, y sin embargo está terriblemente afligida. ¡Ayudaré a esta persona a liberarse del sufrimiento y de todas las causas del sufrimiento!

Ahora cultiva el compromiso pleno:
1. La existencia cíclica es un proceso regido por la ignorancia.
2. Por tanto, es realista que trabaje para alcanzar la iluminación y para ayudar a los demás a hacer lo mismo.
3. Aun cuando tenga que hacerlo solo, liberaré a todos los seres sensibles del sufrimiento y de las causas del sufrimiento, e imbuiré a todos los seres sensibles de felicidad y de sus causas.

Una a una, piensa en diferentes personas —primero amigos, luego personas neutrales y luego enemigos, comenzando por el menos ofensivo— y repite estas reflexiones con respecto a ellas.

Lecturas escogidas

S. S. el Dalai Lama, Tenzin Gyatso, *How to Expand Love: Widening the Circle of Loving Relationships*, traducido y editado por Jeffrey Hopkins, Atria Books/Simon & Schuster, Nueva York, 2005.

—, *How to Practice: The Way to a Meaningful Life*, traducido y editado por Jeffrey Hopkins, Atria Books/Simon & Schuster, Nueva York, 2002.

—, *Kindness, Clarity, and Insight,* traducido y editado por Jeffrey Hopkins; coeditado por Elizabeth Napper, Snow Lion Publications, Ithaca, Nueva York, 1984; ed. rev. 2006.

—, *The Meaning of Life: Buddhist Perspectives on Cause and Effect*, traducido y editado por Jeffrey Hopkins, Wisdom Publications, Boston, 2002.

—, *Mind of Clear Light: Advice on Living Well and Dying Consciously*, traducido y editado por Jeffrey Hopkins, Atria Books/Simon & Schuster, Nueva York, 2002.

Hopkins, Jeffrey, *Buddhist Advice for Living and Liberation: Nagarjuna's Precious Garland*. Snow Lion Publications, Ithaca, Nueva York, 1998.

—, *Cultivating Compassion*, Broadway Books, Nueva York, 2001.

—, *Emptiness Yoga,* Snow Lion Publications, Ithaca, Nueva York, 1987.

—, *Meditation on Emptiness*, Wisdom Publications, Londres, 1983; ed. rev., Wisdom Publications, Boston, 1996.

RINCHEN, GESHE SONAM, y RUTH SONAM, *Yogic Deeds of Bodhisattvas: Gyel-tsap on Aryadeva's Four Hundred*, Snow Lion Publications, Ithaca, Nueva York, 1994.

TSONGKHAPA, *The Great Treatrise on the Stages of the Path to Enlightenment*, vols. 1-3, traducido y editado por Joshua W. C. Cutler y Guy Newland, Snow Lion Publications, Ithaca, Nueva York, 2000 y 2003.

—, *Gran tratado de los estadios en el camino a la iluminación*, Ediciones Dharma.

WALLACE, VESNA A., y B. ALAN WALLACE, *A Guide to the Bodhisattva Way of Life*, Snow Lion Publications, Ithaca, Nueva York, 1997.